Rose Fleck-Bangert

Kinder setzen Zeichen

Rose Fleck-Bangert

Kinder setzen Zeichen

Kinderbilder sehen und verstehen

Kösel

ISBN 3-466-30357-5
© 1994 by Kösel-Verlag GmbH & Co., München
Printed in Germany. Alle Rechte vorbehalten
Druck und Bindung: Kösel, Kempten
Umschlag: Elisabeth Petersen, Glonn, unter Verwendung einer Kinderzeichnung

1 2 3 4 5 6 · 99 98 97 96 95 94

»Ich denke an die Zeit,
als ich vor den Kritzeleien
und frühen Zeichnungen meiner kleinen Kinder saß
wie ein Fremder in einer exotischen Welt.
Ich hatte Angst, sie nicht genügend zu verstehen.
Wohl hatte ich als Psychologin alles gelernt,
was es über Kinderzeichnungen zu wissen gab.
Ich hatte gelernt zu zergliedern, zu klären und nachzuhaken.
Theoretisch war ich beschlagen, das schon.
Aber ich war nicht eingeweiht.
Die leibhaftigen Gestalten, die die Kinder aufs Papier malten,
faszinierten mich.
Bilder – bis dahin nur tote Aufzeichnungen – fingen an zu le-
ben und eröffneten mir die Welt der Sinn-Verbindungen.
Ich fühlte mich angezogen von einer Welt,
die etwas mit der Seele zu tun hatte
und doch nichts mit dem Psychologiestudium,
das ich absolviert hatte.«

Gisela Schmeer

Für Sara

Inhalt

Vorwort

Dieses Buch habe ich in einem Zug und mit größter Begeisterung gelesen. Es gibt ja viele Bücher über Malereien und Zeichnungen von Kindern. Die meisten beschäftigen sich mit dem Phänomen der Erscheinungsform kindlichen Gestaltens, zeigen Entwicklungsstufen und Stilmerkmale auf – alles wirklich ausnehmend interessante und beachtenswerte Fakten. Im Einzelfall wird dann schon Bezug genommen auf das individuelle Kind. Selten aber wird klar, wie sehr die Bilder der Kinder existentielle Dokumente sein können, wie sie Stellungnahmen formulieren für äußerlich und innerlich Erlebtes, wie sie Flucht- und Projektionsmöglichkeiten darstellen, Träume, Ängste, Wünsche, Harmoniezustände schildern und weit über das Sichtbare hinaus Bedeutungen erfahrbar machen.

Kinder setzen Zeichen.

Natürlich verwenden sie Zeichen, wenn sie zeich-nen. Sie setzen aber auch Denkzeichen. In diesem Fall wird man das Wort »zeigen« miteinsetzen müssen.

Die Kinder zeigen sich uns, sie zeigen uns ihre Sicht der Welt, ihrer Beziehungen und Bezüge. Das ganze zwischenmenschliche Geflecht mit allen Schwierigkeiten, in Glück und Not, in Trauer und Freude wird lesbar für die und den, die Bildersprachen verstehen.

Dabei sind das nicht immer die »schönen« Kinderbilder, auf den Block im DIN-Format gemalt. Oft sind es Abfallpapiere, Notiz- und Kalenderzettel, ausrangiertes Packpapier, Papierfetzen, auf die mit dem nächstbesten

Schreibgerät gezeichnet wurde, die für eine Botschaft wichtig sind. Durch dieses Buch werden wir auch dafür sensibilisiert. Rose Fleck-Bangert ist es geglückt, die Bilder der Kinder im Lebens- und Beziehungszusammenhang der Kinder zu lassen. Mit außerordentlicher Sensibilität, mit liebevollem und verstehendem Blick schildert sie die Situationen der Kinder, die Überlegungen der Eltern, die Verhaltensänderungen auf Grund des neuen Verständnisses, das aus der reflektierenden Betrachtung der Kinderbilder erwuchs.

Aus dem Buch spricht eine mitreißende Humanität, getragen von überzeugender Sachkenntnis.

Genauso habe ich Rose Fleck-Bangert auch kennengelernt, ihre Identität, ihren Idealismus, ihre Feinfühligkeit im Umgang mit Kindern, mit Eltern und Studierenden. Kein Wunder, daß die, die mit ihr arbeiten, offen sind und Vertrauen haben. Dies wird auch in keinem Augenblick verletzt, trotz der klaren Aussagen und Analysen bei der Interpretation der Bilder und der Schilderungen des Hintergrundes.

Ich bin sicher, daß jeder, der dieses Buch liest, mit Kinderbildern anders umgehen und sein eigenes Verhalten überdenken wird.

Liebe Rose Fleck-Bangert, vielen Dank für dieses Buch. Es wird vielen Kindern, vielen Eltern und vielen, die mit Kindern zu tun haben, helfen.

Rudolf Seitz

Über dieses Buch

Dieses Buch erzählt von meinen Erfahrungen als Mutter, als Pädagogin und als Kunst- und Gestaltungstherapeutin. Es versucht, interessierten Eltern und pädagogisch, beratend und therapeutisch Tätigen Einblicke zu ermöglichen in das Wesen von Kinderzeichnungen. Ziel dabei ist, Erwachsenen das Verständnis der Hintergründe, der oftmals verschlüsselten Aussagen und Bedeutungen im Bild, der Motive und »Absichten« im gestalterischen Tun ihrer beziehungsweise der ihnen anvertrauten Kinder zu erleichtern.

Schwerpunkt sind Darstellung und Erläuterung vorwiegend spontan gemalter Bilder sowie ihrer Entstehungsgründe. Die Bilder entstanden in den unterschiedlichsten Situationen – gemalt vor allem von Kindern im Kindergartenalter, aber auch von jüngeren oder älteren Kindern. In zahlreichen Beispielen kommen gesunde, psychisch gefährdete und entwicklungsbehinderte Kinder ebenso zu Wort wie aggressive, beharrlich schweigende, verlassene oder geborgene Kinder und solche, die sich mit elterlicher Trennung, mit Geschwisterproblemen oder mit dem Tod auseinandersetzten.

Die Bilder der Kinder werden in dieser Arbeit hauptsächlich als Botschaften aus der bunten Phantasiewelt und dem Reich der Kinderseele beleuchtet, aber auch als Kommunikationsmittel und als Möglichkeit, Beziehungsbrücken zu bauen zwischen Kind und Erwachsenem. Einige Bilder stammen von Müttern, die über den Weg des Selbst-Malens, über das Wiederentdecken des eigenen »inneren Kindes« mehr über ihre Kinder und über deren Bildersprache erfahren wollten. Das Bild wird hierbei als pädagogische Hilfe genützt.

Das Buch vermittelt dem Leser mühelos nachzuvollziehende, lebensnahe Erfahrungs- und Erkenntnisprozesse, die durch das Bild als Medium der Verständigung in Gang gesetzt wurden – in der Familie, im Kindergarten, in der Schule, in der erziehungsberaterischen, heilpädagogischen und therapeutischen Praxis. Allgemeine Erläuterungen über die kindliche Ausdrucksfähigkeit, über die kindliche Malentwicklung und über verschiedene Möglichkeiten des Verstehens bereiten diese praktische Beschäftigung mit Kinderbildern vor.

Das Buch erhebt keinen Anspruch auf ein umfassendes Bearbeiten von Kinderzeichnungen; es erhellt einige mir wesentlich erscheinende Aspekte im Umgang mit ihnen, zumal ihnen bisher in der Literatur wenig Beachtung geschenkt wurde. Aus der praktischen Arbeit mit Kindern, Eltern, Erziehern und Erzieherinnen entstanden, ist es als Hilfestellung für die pädagogische, beratende und therapeutische Praxis gedacht. Es ist kein »Rezept-Buch«, auch wenn manche Ratschläge für interessierte Erwachsene einfließen. Es will lediglich sensibel machen für die Betrachtung von Kinderbildern, für den Umgang mit ihnen und möchte für Verständnis und Wertschätzung kindlicher Gestaltung werben. Die Interpretationen der Bilder sind als gedankliche Anregung und als Dialogangebot an den Leser zu verstehen. Spontane Bilder und Zeichnungen – ich verwende der Einfachheit halber beide Begriffe synonym – entstehen überall dort, wo Kinder sich aufhalten und die Freiheit haben, das zu gestalten, was sie momentan bewegt – frei von Bewertung, frei von Leistungs- oder Notendruck. Der Spontaneität ihres Ausdrucks entspricht oft auch das Material, das sie verwenden: ein abgerissener Zettel vom Notizblock, eine Seite im Schulheft, ein abgelaufenes Kalenderblatt, Stifte, die zufällig herumliegen – Dinge, die eigentlich nicht zum Malen gedacht sind, ihren Zweck aber dennoch erfüllen. Die in

14

diesem Buch abgebildeten Kinderbilder tragen oft diese Merkmale der Spontaneität. Zu der »Un-Sitte«, Kommentare der Kinder in ihre Zeichnungen hineinzuschreiben, habe ich mich zu Beginn meiner Beschäftigung mit Kinderbildern selbst hinreißen lassen. Heute sehe ich dieses weitverbreitete Erwachsenenverhalten selbstkritisch und benütze nur noch unbemalte Bildrückseiten zum Beschriften.

Die Kinder sind in ihrer Bildsprache uns Erwachsenen überlegen, den Dingen näher, am Wesen orientiert und nicht an ihrem Aussehen, schreibt Rudolf Seitz, Professor für Kunsterziehung und Kunstpflege an der Münchner Akademie der Bildenden Künste, in seinem Buch »Zeichnen und Malen mit Kindern«. Ihm fühle ich mich besonders verbunden, denn er hat mir Mut gemacht, meine Art des Umgangs mit Bildern und ihren »Produzenten« zu veröffentlichen.

Dagmar Olzog und Michael Kurth vom Lektorat des Kösel-Verlages, die durch ihr lebendiges Interesse und ihre Unterstützung zur Realisierung dieses Projektes beigetragen haben, danke ich herzlich. Ebenso danke ich meiner Familie, die mich so manche Stunde Schreibarbeit entbehren mußte. Meinem Mann und meinen Freunden, Kolleginnen und Kollegen sage ich Dank für ihre Unterstützung, allen voran Christofer Schopf und Monika Breu für wertvolle Anregungen beim Korrekturlesen und Andreas Weickhmann fürs Helfen bei der Computerarbeit. Mein besonderer Dank gilt den Kindern, Müttern und Erzieherinnen, die mir ihre Bilder zur Veröffentlichung überlassen haben und mir in unseren Begegnungen und Gesprächen ihr Vertrauen schenkten. (Zur Wahrung ihrer Persönlichkeitsrechte habe ich die Namen geändert.) Ohne sie alle hätte diese Arbeit nicht entstehen können.

Eine besondere »Lehrmeisterin« auf dem Weg zum Verständnis von Kinderbildern war und ist meine malbegeisterte, jetzt achtjährige Tochter Sara. Auch sie hat mir einige ihrer Bilder für diese Arbeit zur Verfügung gestellt. Ihr möchte ich dieses Buch widmen.

Ich selbst bin vor etwa 20 Jahren von Kindern zum Malen inspiriert worden. Damals begleitete ich eine Kindergruppe aus einem psychoanalytisch orientierten Berliner Kindergarten auf einer Ferienreise. »Mal doch auch mal was«, drängten mich die Vier- bis Sechsjährigen und beschenkten mich mit ihren Kunstwerken.

Wie beneidete ich die Kinder um ihre Freiheit, all das frei und ungezwungen aufs Papier zu bannen, was sie sich wünschten: ihre Eltern und Geschwister mit auf der Reise in den Bayerischen Wald, ihre geliebten Haustiere in einem kleinen Extrastall neben unserem Ferienhaus…

Wie beeindruckt war ich von ihrer Fähigkeit, ihre Ängste weit weg von zu Hause einfach ins Bild zu bannen, um sie anschließend gemeinsam zu vertreiben: Da war zum Beispiel der riesige Tannenwipfel über dem benachbarten Hausdach, der in der Abenddämmerung kurz vor dem Einschlafen zum Gespenst wurde. Es bewegte sich bedrohlich im Abendwind hin und her, löste in Martin große Ängste aus und hinderte auch die übrige Gruppe am Einschlafen. Am nächsten Tag tauchte das unheimliche Wesen in Martins Bild auf, und die ganze Kindergruppe überlegte sich lachend und kreischend grausame Foltermethoden, um den gruseligen Baumgeist für immer zu verjagen. Und, oh Wunder: Am Abend war der Baum ein Baum und blieb auch ein solcher für den Rest der Ferienzeit.

»Warum malst du denn nichts?« Immer wieder drängten mich die Kinder, selbst zu den Farben zu greifen. Ich wollte mich nicht blamieren! »Probiers doch einfach, du darfst auch meine neuen Stifte benützen…« Es dauerte eine Weile, bis ich das erste winzige Ornament versuchte – im gegenständlichen Terrain fühlte ich mich zunächst unsicher. »Schenkst du es mir?«, »Ich möchte auch so eins haben!«, »Ich auch…«

So begann ich auf einer Kindergruppenreise nach vielen Jahren, in denen ich freiwillig keinen Zeichenstift mehr in die Hand genommen hatte, mit meinen zweiten gestalterischen »Gehversuchen«. Die ersten waren in meiner eigenen Kinderzeit gründlich mißlungen. Ich hatte durch Maßregelung,

Bewertung, Benotung und kontrollierende Übergriffe den Mut zu malen verloren.

Im Erwachsenenalter konnte ich nun – ermuntert durch die Kinder – wieder erfahren, wie anregend und befreiend der Umgang mit Farbe und Papier sein kann, wieviel Spaß und Freude lustvolles Gestalten bereitet. Ich habe wieder gelernt, mir durch einfache Ausdrucksmalereien auch in streßvollen Alltagssituationen Erleichterung zu verschaffen. In Zeiten der Unklarheit tun mir blind gemalte Kritzelbilder gut, in denen ich Strukturen finde, diese herausarbeite, ordnend eingreife. Mandala-artige Ornamente helfen mir, »zur Mitte« zu finden, wenn ich hektisch und unkonzentriert bin, unterstützen mich, wenn ich Zentrierung und innere Ruhe suche. Blockierte Gefühle und schwere Träume finden Gestalt in zarten Skizzen oder großflächigen, farbintensiven Bildern, wenn kein Gesprächspartner, keine Freundin, kein vertrauter Mensch in erreichbarer Nähe ist. Solche Bilder entstehen spontan. Sie sind keiner Bewertung unterworfen und drücken so, wie sie sind, eine momentane Befindlichkeit aus. Seit ich diese Möglichkeit des »Ausdrucks-malens« nutzen kann, haben auch psychosomatische Beschwerden, die mich früher in belastenden Lebenssituationen gerne »heimsuchten«, nur noch selten eine Chance, in mir Raum zu greifen. Kreative Verarbeitungs- und Selbstheilungskräfte sind hier am Werk, ich konnte sie »am eigenen Leib« erleben. Diese Erfahrungen sind zum treibenden Motor geworden, mich mit Bildern – fremden und eigenen – zu befassen.

Durch meine kunst- und gestaltungstherapeutische Ausbildung eröffnete sich mir die Möglichkeit, mit dem Medium »Bild« – vornehmlich präventiv – mit Kindern und Eltern zu arbeiten. Dabei begegnen mir immer wieder spontan angefertigte Bilder und Zeichnungen als Botschaften aus der Welt des kindlichen Bewußtseins, der Welt der Phantasie, der Welt des magischen Denkens, der Welt des Unbewußten: reich, lustvoll, grausam, kraftvoll, lebendig, heilsam.

Das vorliegende Buch erzählt von diesen Erfahrungen.

Kinder und ihre Bilder

»Man sieht oft etwas hundertmal, tausendmal,
ehe man es zum allerersten Mal wirklich sieht.«
Christian Morgenstern

Wenn der Storch zwei Ohren hat –
Aspekte kindlicher Ausdrucksfähigkeit

Kinder setzen Zeichen! Jeden Tag neue. Immer und immer wieder. Sprachlich, körperlich, gestalterisch, bildlich… Fühlen wir uns in der Lage, auch nur einige dieser Zeichen zu erkennen? Sind wir willens, nutzen wir die Zeit, uns mit »Hieroglyphen« kindlicher Ausdrucksformen auch jenseits der Sprache und jenseits des rationalen Denkens zu befassen?

Bewegung – der erste kindliche Ausdruck

Der erste kindliche Ausdruck ist die Bewegung. Das Kleinkind teilt sich mit, indem es strampelt, mit den Armen wedelt und den Kopf wendet. Seine Gesichtszüge verändern sich noch unkontrolliert. Bald kann es sich selbständig auf den Bauch oder Rücken drehen. Sein Tun begleitet es nun mit Gurgeln, Plappern, Krähen, Schreien, Lachen. Ausdruck ist hier vor allem wichtig, um Freude, Wohlbehagen oder Unzufriedenheit kundzutun. Das Kind schreit, wenn es hungrig ist, es bewegt den Kopf weg, wenn es satt ist oder keinen Kontakt haben möchte.

Angenehme und unangenehme Empfindungen werden in Bewegungen und Töne umgesetzt, auf die die Umwelt reagiert. Bald beginnt das Spielen im Kontakt mit Menschen und Dingen. In dieser frühen Entwicklungszeit passiert Lernen mit allen Sinnen: Erfahrenes wird aufgenommen und verarbeitet durch Schmecken, Riechen, Tasten, Greifen, Berühren, Festhalten, Hören, eigene Laute formen, Nachahmen, Agieren und Reagieren.

Bald ist das Kind in der Lage, sich robbend und krabbelnd fortzubewegen, sich aufzurichten und zu laufen. Unermüdlich und neugierig erforscht es seine nähere und dann auch seine weitere Umgebung, hantiert mit allem Erreichbaren. Es begreift handelnd.

Etwa zeitgleich mit dem Beginn der Entwicklung der Sprache ist das Kind körperlich so weit entwickelt, daß es einen Stift halten und führen kann. Mit motorisch-rhythmischen, hämmernden, zackigen und kreisenden Bewegungen hinterläßt es erste Spuren. Sobald die Koordination zwischen Hand und Auge funktioniert, entsteht ein neues Ausdrucksmittel – das Malen.

Kinderkunst oder verborgene Wahrheit?

Wolfgang Grötzinger, Autor des Buches »Kinder kritzeln, zeichnen, malen«, macht sich Gedanken über Erwachsene, die von kindlichem »Gekritzel und Gekleckse« beunruhigt werden, weil sie damit nichts anzufangen wissen. Sie sehen im Kind den kleinen Erwachsenen, korrigieren und weisen zurecht, belehren und machen vor; sie können es nicht erwarten, bis die Kinder sich auf eine Weise ausdrücken und betätigen, die ihnen die richtige und ordentliche zu sein scheint. Als seltsamen Gegensatz dazu spricht Grötzinger von einer weiteren Gruppe von Personen, für die »Kinderkunst« eine Offenbarung sei, die sich aber um die seelische Entwicklung des Kindes wenig kümmern, seine zeichnerischen und malerischen Erzeugnisse jedoch zu fragwürdigen ästhetischen Abenteuern mißbrauchen.

Jeder, der sich praktisch mit Kinderzeichnungen befaßt, wird ab und zu konfrontiert mit solchen Einstellungen und Haltungen Erwachsener.

Mit aus diesem Grunde rege ich in meiner Beratungsarbeit Erwachsene dazu an, selbst gestalterisch tätig zu werden. Durch das Selbst-Malen kann erfahrbar werden, daß das Schöne, das Ergreifende an der Kinderzeichnung nicht das »Schöne« der Kunst ist, sondern, wie Grötzinger betont, ein Hinweis auf Gesundes, Lebensfähiges, Starkes, auf Zartes, Inniges und Vitales im Kind. Dies hängt zusammen mit seiner geistigen und leiblichen Entwicklung zum lebensfähigen, lebensbewältigenden, ganzen Menschen. Freude ist hier die treibende Kraft. Grötzinger weist darauf hin, daß die sichtbare Welt ständig um das zeichnende Kind herum lebt und webt und mit ihm in einer viel tieferen und engeren Berührung steht, als sie jener flüchtige Blick auf das Objekt gewährt, zu dem es die Erwachsenen zwingen oder verlocken wollen.

Er schrieb sein oben genanntes Buch unter anderem deshalb, weil kein Erwachsener ihm sagen konnte, warum Engel wie Igel aussehen und warum der Storch zwei große Ohren hat.

Magische Phänomene

In meiner Arbeit mit Kindern im Kindergartenalter verblüfften und beeindruckten mich die kleinen Persönlichkeiten immer wieder, wenn sie vollkommen unbekümmert und selbstbewußt rosarote Elefanten, blaue Hausdächer, Vögel mit Spitzohren (siehe Bild Seite 23, rechts oben) und lachende Pferde mit Menschengesichtern gestalteten (Bild Seite 22).

Sie fanden das so in Ordnung, sogar wenn der Drache mausgroß ausfiel und die danebenstehende Katze Giraffengröße annahm, das Haus aus einer offenen Frontfassade bestand und einen Blick ins »Innere« ermöglichte, das Baby im durchsichtigen Bauch der Mutter selbst ein Baby im Bauch trug (Bild Seite 23) – all diese Phänomene schienen selbstverständlich.

Mir jedoch gaben sie in der Anfangszeit meiner pädagogischen Arbeit Rätsel auf und erweckten in mir ein Interesse, das mich bis heute nicht mehr losgelassen hat.

In unserer schnellebigen, leistungsbezogenen Zeit, in der Anpassen, Funktionieren, rationales Denken und Handeln hoch bewertet werden, scheint es ungewöhnlich zu sein, sich mit solch magisch anmutenden Phänomenen zu beschäftigen. Meiner Erfahrung nach aber ist es ein lohnendes Unter-

fangen: Ich habe mit Hilfe von Kinderbildern oftmals den Schlüssel zu kindlichen Erlebnisbereichen erhalten, die mir zuvor verschlossen geblieben waren. Möglicherweise werden auch Sie beim Aufspüren und Nachsuchen von kindlichen Zeichen Welten entdecken, die tief verborgen schlummern – vielleicht sogar in Ihnen selbst.

Wollen Sie mich begleiten auf dem Weg ins Dickicht der kindlichen Erlebenswelt? Doch aufgepaßt: Dort herrschen andere Gesetze als auf dem geordneten Lebenspfad, den viele von uns begehen. Unsicherheit, Angst, Wut, Trauer und Überforderung werden uns genauso begegnen wie Lebenslust, Vitalität und die schöpferisch-kreative Kraft, die in jedem Kind steckt und die in emotional belastenden Situationen ihre besondere Ausprägung findet.

Mir eröffneten sich durch die Beschäftigung mit diesen Bildern neue Wahrnehmumgskanäle für das Erkennen kindlicher Botschaften, die auf aktuelle Begebenheiten, besondere Wünsche oder momentane Konfliktsituationen hindeuten und immer wieder auch lebensgeschichtliche Aspekte beleuchten. Sie boten mir die Möglichkeit, einen tieferen Einblick in die kindliche Ausdrucksfähigkeit zu gewinnen, weil sich plötzlich – jenseits von verallgemeinernden Interpretationen – Inhalte in Bildern ausgedrückt fanden, zu denen vorher kein Zugang zu erhalten war.

Verschlüsselte Nachrichten aus der Kinderseele bahnten sich ihren Weg an die Oberfläche, fanden Gestalt im Bild, geheimnisvoll, oft fremdartig. Ich habe mich auf die Spurensuche gemacht, habe versucht, einigen Fährten nachzugehen. Dabei habe ich die menschengesichtigen Pferde, die beohrten Störche, den durchsichtig schwangeren Mutterbauch, den schützenden Regenbogen über der verlorengegangenen Katze, die möglicherweise dem Jäger zum Opfer gefallen ist, verstehen gelernt.

So konnte ich durch Ein-Blicke Ein-Sicht gewinnen und manchen Konflikt durchschauen.

Wenn Engel wie Igel aussehen –
Grundzüge der kindlichen Malentwicklung

Obwohl jedes Kind sich auf seine Weise entwickelt und seine Ausdrucksfähigkeit seiner Individualität entspricht, lassen sich doch Grundzüge der kindlichen Malentwicklung zeigen, die in der Regel für jedes Kind gelten. Dabei ist zu beachten, daß die Malentwicklung nicht geradlinig, nicht nach festgelegten Standards verläuft, sondern oft sprunghaft und unterschiedlich. In der Entwicklung des Form- und Farbausdrucks gibt es Phasen, die übersprungen werden, Verzögerungen und regressive Zeiten, in denen das Kind auf eine frühere Entwicklungsstufe zurückgreift (siehe Seite 28).

Die Bedeutung des Kritzelns

Das Kritzeln ist die Grundlage jeder zeichnerischen Sprache. Es entwickelt sich ähnlich der verbalen Sprache nach eigenen Gesetzmäßigkeiten mit einer überzeugenden inneren Logik. Seitz spricht von einem »Urtrieb« bei dem Bedürfnis, sich nicht nur in Worten auszudrücken, sondern auch in Bildern, in sichtbaren Spuren des inneren Erlebens.

Bettina Egger, Malatelier- und Ausbildungsleiterin für Kreativ-Erziehung in Zürich, vergleicht die Bedeutung des Kritzelns für die Malentwicklung mit dem Lallen als unabdingbare Vorbereitung für die Sprachentwicklung. Grötzinger spricht bildhaft gar von den »Milchzähnen«, die wir als Platzhalter pflegen, weil sie ein gesundes Gebiß vorbereiten. Aus den scheinbar gestaltlosen Kritzeleien entstehen Grundformen, mit deren Hilfe die ersten bildlichen Gestaltungen erwachsen.

Beim etwa eineinhalbjährigen Kind beobachten wir erste gekritzelte Urformen. Diese entwickeln sich zu vorfigurativen Grundformen, mit deren Hilfe das Kind später all das darstellen kann, was es wünscht.

Die Bedeutung der Kritzelphase wird von Eltern und Pädagogen oft unterschätzt. Aus diesem Grunde möchte ich anhand der »Urbilder« meiner Tochter diese wesentliche Phase kindlicher Malentwicklung beleuchten. Im Rahmen dieses Buches interessieren mich vor allem die psychisch-emotionalen Aspekte der gestalteten Phänomene. Als Mutter habe ich – meine Tochter begleitend – selbst einen intensiven Lernprozeß durchlaufen. Dabei leiteten mich die Hypothesen von Bachmann, die ihre Erfahrungen als langjährige Malatelierleiterin in Zürich in ihrem Buch »Malen als Lebensspur« dargelegt hat. Sie setzt darin frühe Stufen der kindlichen Persönlichkeitsentfaltung mit zeitlich späteren Phasen der Malentwicklung in Beziehung und stützt sich dabei auf die entwicklungspsychologischen Studien von Margret Mahler und ihren Mitarbeitern. Bachmanns Denkmodell beeinflußte meine Sichtweise von im Bild ausgedrückten Urformen. Ein

kurzer Abriß soll ihre Anschauungsweise verdeutlichen und zum kritischen Nachdenken anregen.

Der Schemaausschnitt von Helen I. Bachmann (siehe oben) zeigt die Entwicklungsphasen der kindlichen Darstellung, wie sie im freien Malen beobachtet werden können.

Die psychische Geburt des Kindes

Mahler nimmt an, daß die biologische und die psychische Geburt des Menschen nicht zusammenfallen. Die erstere ist ein dramatisches, beobachtbares und genau umrissenes Ereignis, die zweite ein sich langsam entfaltender intrapsychischer Prozeß: der Loslösungs- und Individuations-prozeß. Die Loslösung meint das Auftauchen des Kindes aus der engen Verbindung (der »Symbiose«) mit der Mutter. Die Individuation besteht aus jenen seelischen Errungenschaften, die zeigen, daß das Kind seine individuellen Persönlichkeitsmerkmale als solche annimmt. Es sind zwei sich gegenseitig ergänzende Entwicklungsprozesse. Das zweite, sehr all-mählich einsetzende psychische Geburtserlebnis, das während der »sym-biotischen Phase« beginnt, wird auch als »Ausschlüpfungsprozeß« bezeich-net.

Martin Dornes, Dozent am Sigmund Freud-Institut in Frankfurt am Main, geht davon aus, daß Säuglinge diesen Prozeß zeitlich früher durchlaufen als von Mahler angenommen, also früher die Fähigkeit entwickeln, ihre Umwelt und sich in ihr differenzierter wahrzunehmen, mit ihr zu inter-agieren und sich von der Mutter als getrennt erleben und »ausschlüpfen« zu können.

Bachmann hat in ihrem Malatelier diesen Ausschlüpfungsprozeß auf der gestalterischen Ebene an malenden Kindern eingehend beobachten können. Sie erkannte, daß die Kinder in ihren ersten Kritzeleien sowohl ihren momentanen psychisch-körperlichen Zustand als auch Erinnerungsspuren aus ihrer Vergangenheit – der vorgeburtlichen, der Säuglings- und frühen Kleinkindzeit – ausdrücken. Ähnliches beobachtete auch Egger. Sie spricht davon, daß beim malenden Kind im Alter von zwei bis vier Jahren die Aufarbeitung der Vergangenheit im Vordergrund seines Ausdrucksbedürf-nisses steht.

Verarbeiten von Vergangenem und Bewältigen von Gegenwärtigem – diese beiden Aspekte sollen nun anhand einiger Kinderzeichnungen meiner Tochter Sara beleuchtet werden. Die Bilder zeigen typische Kritzel- und Urformen, wie sie von allen gesunden Kindern diesen Alters dargestellt werden.

Gestalterische Entwicklungsschritte in der vorfigurativen Phase

Ich beginne mit den ersten Kritzelbildern und stelle sie in Zusammenhang mit Aussagen von Bachmann, Egger und Mahler.

»Kritzeln heißt endloses Kreisen einer Linie, spiraliges Drehen, ohne den Stift abzusetzen. Kritzeln heißt mit dem Stift hin- und herschwingen, horizontal, vertikal, endlos ineinander, übereinander, auch in Kreuzform; Kritzeln ist auch Schlängeln, Schlingern, Zick-Zack-Laufen der Linie; Kritzeln ist auch Pünkteln oder Stricheln, kurze rhythmische, pointierte Bewegungen mit dem Stift.« (Bachmann)

Das Kritzel- beziehungsweise Urknäuel eines etwa zweijährigen Kindes drückt nach Ansicht von Egger die Körperempfindung des Säuglings zu einer Zeit aus, in der er sich noch keiner Grenzen bewußt ist und auch noch keine Orientierung im Raum hat. Er scheint in dieser frühen Phase seiner Entwicklung noch ganz mit seiner Umwelt verwoben zu sein.

Sara hatte am Anfang ihres gestalterischen Tuns noch wenig Kontrolle und Entscheidung über das, was entstand. Mit der Zeit wurden ihre Bewegungen gelenkter, mehr Entscheidung bestimmte die Form, sie nahm sich als die Urheberin der entstandenen Spuren wahr. Nest- und gestrüppartige Gebilde mit Verdichtungen und ein kreuzartiges Auf und Nieder mit Bewegungen in der Senkrechten und in der Waagerechten bedeckten das Papier.

»Wenn das Kind dreht und schwingt und strichelt, muß es aus urtümlichen Erfahrungen schöpfen … Das kleine Kind steht dem Beginn seines Lebens noch sehr nahe. Sein pränatales Leben, seine Geburt, sein Leben als Neugeborenes sind eben erst gewesene Zustände. Daher, so kann man annehmen, hat das Kind noch eine natürliche Verbindung zu diesen frühen Stadien seiner Existenz.« (Bachmann)

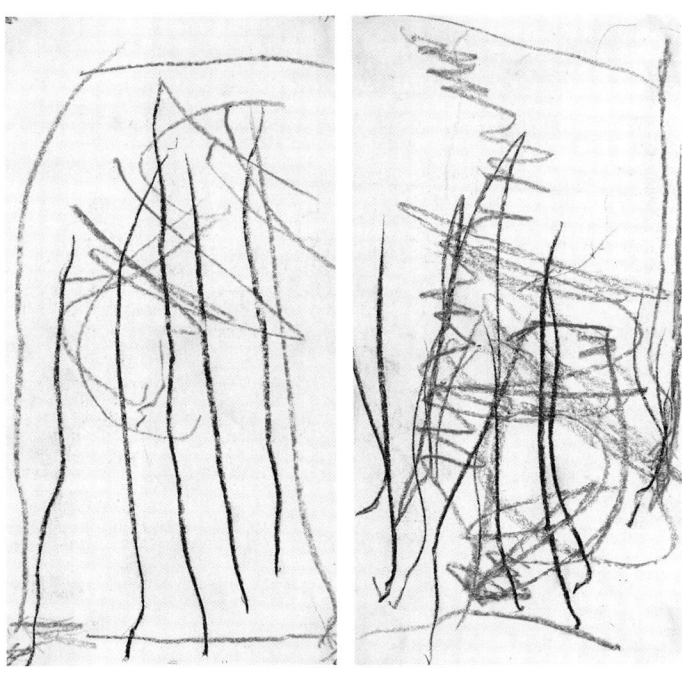

Erste Abgrenzungen und Richtungen im Bild des zwei- bis dreijährigen Kindes scheinen den Anstrengungen des Säuglings zu entsprechen, die zu ersten Abgrenzungsversuchen von der Mutter führen.

Auch in Saras Zeichnungen wurden allmählich Richtungen und Abgrenzungen sichtbar. Sie setzte jetzt in alle vier Ecken des Blattes kleine Extrakritzel – von ihr »Muh-Kuhs« genannt –, die durch Linien (Spuren) miteinander verbunden wurden. Nach ihrem ersten Rutscherlebnis auf einem Kinderspielplatz tauchten in ihren Bildern immer wieder Linien als »Rutschbahnen« auf; beim Malen wird das Auskosten des Körpergefühls beim schwungvollen Heruntergleiten deutlich spürbar (Bild Seite 29).

Auch die Spirale könnte Ausdruck dieser neuen Erfahrung der gerichteten Bewegung sein. Sie hat einen Anfang und ein Ende, und sie hat eine Ordnung, die nun eindeutig vom malenden Kind bestimmt ist.

An dieser Stelle kommt mir die Schnecke in den Sinn: Sie ist mit ihrem Haus eng verbunden, tastet sich vorsichtig fühlend in die Welt und schlüpft bei drohender Gefahr sofort in die Geborgenheit ihrer Behausung zurück. Auch das etwa sechs Monate alte Kind beginnt mit ersten neugierigen Versuchen, sich aus dem bisher erlebten, engen Verwobensein mit der Mutter zu lösen. Es unternimmt jetzt unermüdlich kleine, taktile »Ausflüge« und untersucht dabei Nase, Ohren, Haare, Augen oder Brille seines Gegenübers.

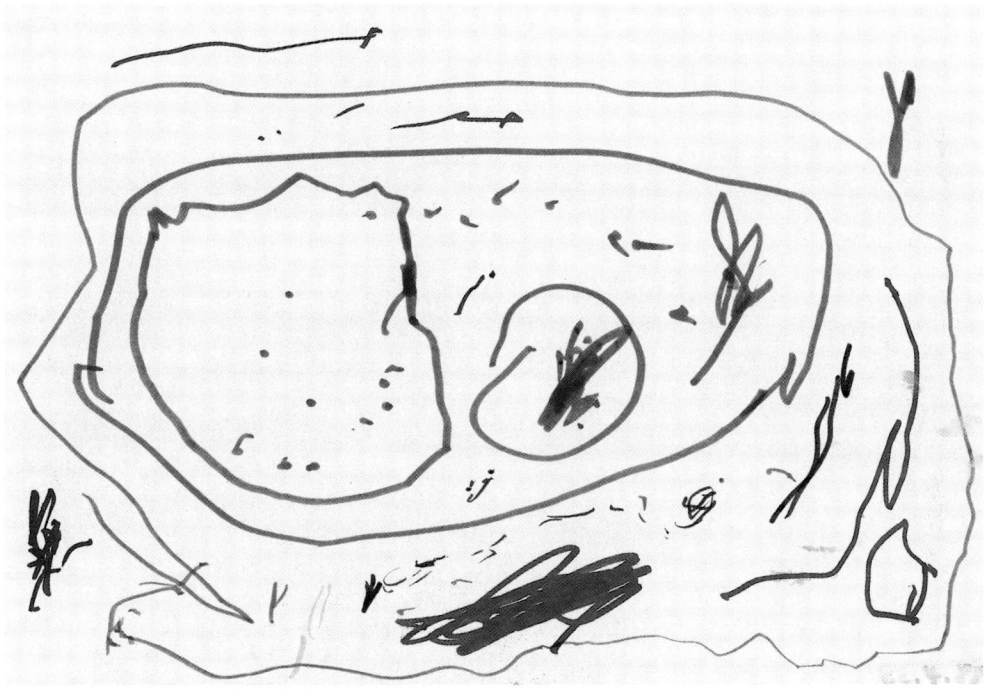

Mit dem Kreis drückt sich die Erfahrung der eigenen Grenzen aus. Er hat ein Innen und Außen. Ein abgeschlossener Raum ist aus der unendlichen Welt ausgesondert worden.

»Ich bin ich und du bist du« war ein Satz, den Sara – knapp dreijährig –

während dieser Malphase immer wieder spielerisch, ernst, mit Nachdruck und wartend auf Bestätigung wiederholte, als wollte sie frühere Erfahrungen des Differenzierens und Abgrenzens verfestigen. Als ich dann bejahend antwortete: »Ja, du bist du und ich bin ich«, schien ihre Welt aus den Fugen zu geraten. Sie erlebte Verwirrung und forderte Klarheit: »Nein! *Ich* bin ich, und *du* bist du!« So bemerkte ich einfach, daß sie damit recht habe, und ihre Welt war wieder in Ordnung!

Egger weist darauf hin, daß das Baby durch erste erfolgreiche »Abgrenzungsversuche« von der Mutter zu neuen Entdeckungen ermuntert wird. Das Kind sei jetzt in der Lage, sich selbst und die Mutter als zwei sich voneinander unterscheidende Wesen wahrzunehmen. In dieser Entwicklungsphase bilde sich im Körperempfinden des Kindes ein Zentrum heraus, das den Zentren in den später entstehenden Kritzelbildern entsprechen würde.

Bachmann interpretiert Kinderzeichnungen Dreijähriger, die dieses früh erworbene Körpergefühl nun auf der gestalterischen Ebene widerzuspiegeln scheinen: »… das Kind hat durch den Erwerb der Fähigkeit, einen Kreis zu schließen und einen Mittelpunkt zu setzen, zu einem ersten globalen Selbstgefühl gefunden.« (Siehe Bild Seite 33.)

In diesem Zusammenhang spricht Egger von der so wesentlichen Erfahrung des Kleinkindes, eigene Grenzen wahrzunehmen. Die Mutter wird zur Person (zum »Objekt«), von der sich das Kind körperlich durch Krabbeln, Watscheln, Klettern entfernen kann, deren Nähe es dennoch immer wieder sucht. Diese Entwicklungsstufe ist phänomenologisch durch die freie, bald aufrechte Fortbewegung gekennzeichnet, in der das Kind unermüdlich versucht, neugierig, aktiv handelnd und übend seine Umwelt zu begreifen.

Später, mit etwa dreieinhalb Jahren, scheint das Kind in seinen Zeichnungen diese Entwicklungsphase wiederzubeleben mit der Gestaltung der Achse

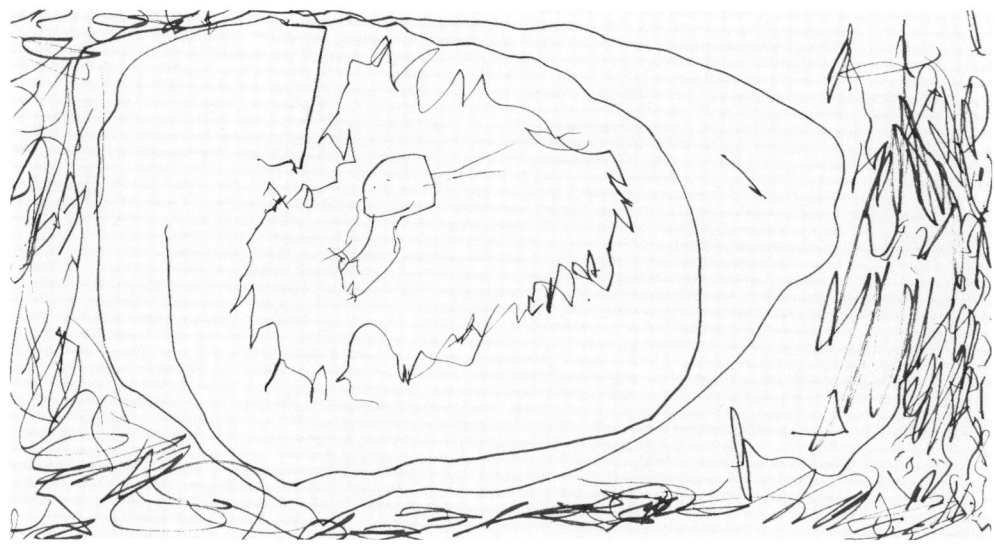

(Aufrichtung/Rückgrat) und dem sogenannten Urkreuz, um so das in früherer Kindheit entwickelte Gefühl für Orientierung im Raum, für senkrecht und waagerecht, für oben und unten, für rechts und links auf einer neuen Entwicklungsstufe zu präzisieren und zu stabilisieren. Sara wählte diese Form dafür. (Siehe Bild Seite 34, oben.)

Interessant an dieser vorfigurativen Phase ist, daß jene beschriebenen Urformen noch »alles« sein können: »Ein Igel, äh ein Käfer, sieht aus wie ein Weihnachtsbaum mit Trauben drauf!«

Sara schenkte ihrem Vater zu seinem Geburtstag ein hingebungsvoll rhythmisch gemaltes »Aquarium für die Pünktchen«. Die Pulspunkte entsprechen dem inneren Rhythmus, einer Bewegung als Puls, Herzschlag, Atem, als Lebensrhythmus. (Siehe Bild Seite 34, unten.)

Egger vertritt die Ansicht, daß für die Entwicklung der Wahrnehmung die vier Innenwelt-Urformen »Zentrum«, »Achse«, »Urkreuz« und »Pulspunkte« von entscheidender Bedeutung sind. Sie drücken ein frühkind-

33

Ein Igel, ähm ein Käfer...
Sieht so ähnlich aus wie ein Weihnachtsbaum!
Ja, ist ein Weihnachtsbaum
mit Trauben drauf
Sara, Nov 88

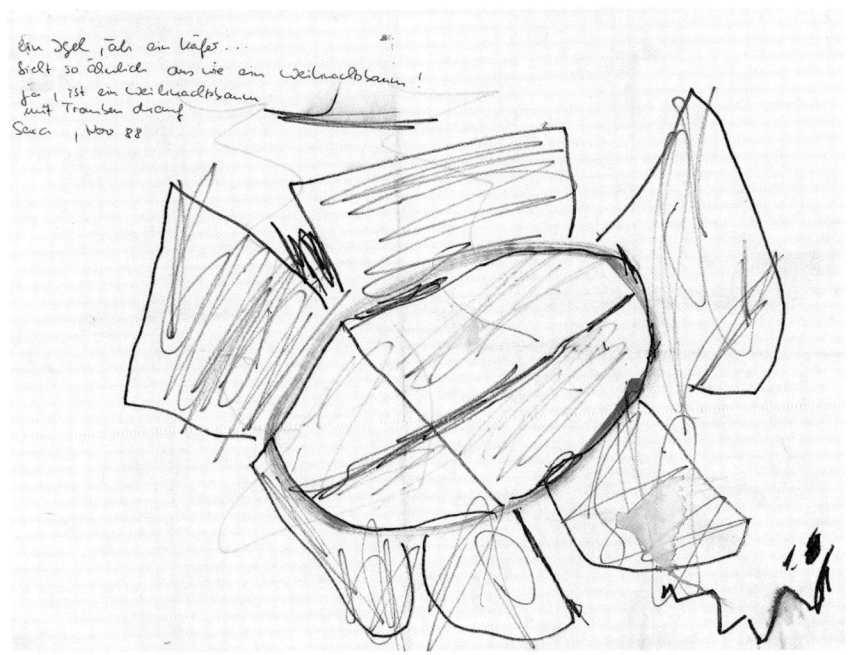

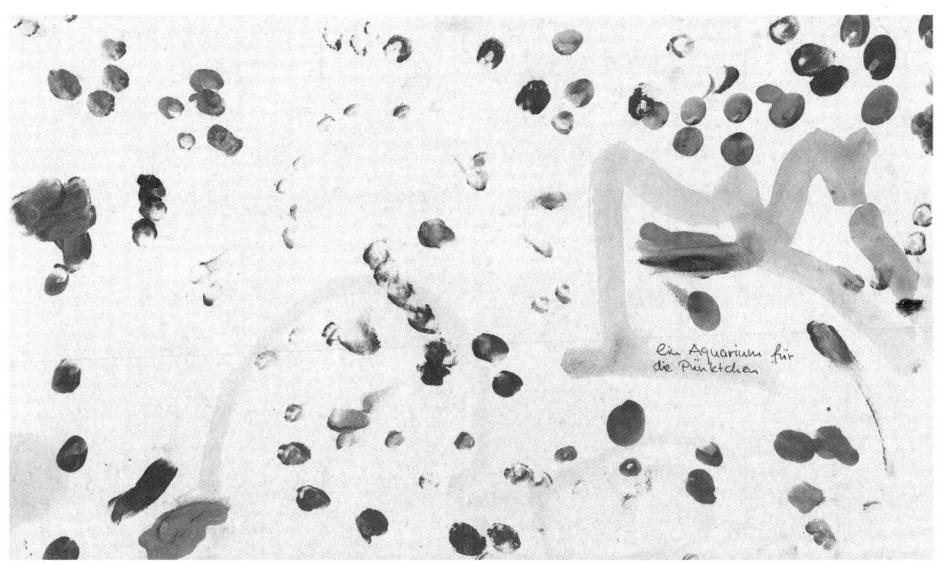

ein Aquarium für
die Pünktchen

liches Körpergefühl aus. Über die allmählich zunehmende Wahrnehmung der Außenwelt schreibt Bachmann: »… das Geistige wächst auf dem Boden unmittelbarer Körpererfahrung. Und ein wichtiges Transportmittel des körperhaften Urerlebens ins Bewußtsein ist die Kreativität… In dieser Zeit der Verschiebung der Wahrnehmung nach außen findet auch eine starke sensorische Besetzung der gesamten Körperperipherie statt. Die Haut als Grenzbereich des Körpers ist hierbei ein unersetzliches Hilfsorgan. Die Tastorgane, die das malende Kind jetzt in sein Formenrepertoire aufnimmt, sind plastischer Ausdruck dieser fortschreitenden Reife und der dadurch begründeten Hinwendung zur Umwelt. Die Tatsache, daß die Taster oder Strahlen ringsum den vom Kind gemalten Formen angefügt werden, weist auf die Bedeutung der peripheren Körperbereiche in diesem Prozeß hin.«

Saras »Fisch« – ihr erster Tasterkörper – scheint mit Hilfe seiner Augen und Fühler wahrzunehmen, er bewegt sich tastend am Innenraum entlang. Innen »pulsiert« es lebendig! Das kleine Kritzelknäuel zeugt vermutlich von Innenwelt-Erfahrungen, die allmählich zurücktreten zugunsten einer neuen Entwicklungsphase. Es scheint eine Art »Übergangsbild« zu sein, in dem möglicherweise das zuvor beschriebene »Ausschlüpfen« als solches (beziehungsweise die allerersten Anstrengungen dazu) von Sara im gestalterischen Tun festgehalten wurde. (Bild Seite 35.)

In Saras Zeichnung wird jedoch nicht nur der Übergang von einer wichtigen frühkindlichen Entwicklungsphase zur anderen wiederbelebt und spielerisch stabilisiert, sondern auch der Übergang vom vorfigurativen zum figurativen Malen angedeutet. Der Fisch bleibt nun ein Fisch und ist auch noch nach Tagen ein solcher. Er kann nicht mehr, wie noch kurz zuvor, »alles« sein. Die Formen werden differenzierter, klarer bestimmbar; sie behalten ihre Bedeutung.

Bachmann bezeichnet das Erleben des Strahlens und Tastens als »Vorbedingung zur Bildung und zum Erkennen von Symbolen, ja, zur Entwicklung geistiger Prozesse überhaupt. Aufgeschlossenheit, das nach allen Seiten hin offene Interesse und Aufnahmebereitschaft sind sicher nicht denkbar ohne dies archaische Austasten des ersten Lebensraumes.«

Typisch bei den nun auftauchenden Tastkörpern mit ihren Fühlern, Strahlen und Tentakeln ist zunächst das freie Schweben im Raum. (Bild Seite 37, oben.) Die Tastformen scheinen die Entwicklungszeit des zehn- bis achtzehnmonatigen Kleinkindes nachzuvollziehen, in der es beginnt, seine nähere Umgebung zu erforschen, sich zu orientieren und in einem ständig sich vergrößernden Radius für seine Umwelt zu interessieren. Dieses Bedürfnis hört eigentlich nie mehr auf. Die Entdeckungsreisen gehen noch von der Mutter aus. Das Kind entfernt sich, kommt zurück, um Unterstützung zu tanken, und geht wieder weg. Egger setzt diese Hin- und Wegbewegung

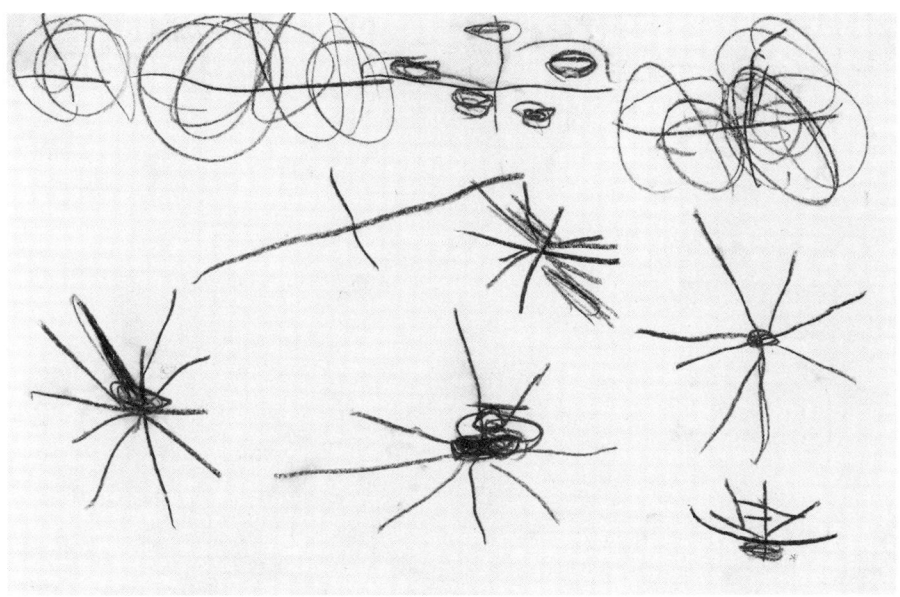

in Beziehung zu den Phänomenen der »Richtung« in den Bildern etwa vierjähriger Kinder.

Beim Malen dieses Bildes (siehe Seite 37 unten) wurde das Zeichenblatt von Sara gedreht – es rotierte während des Malprozesses –, die Blume aber bekam einen Stengel. Sie richtete sich auf.

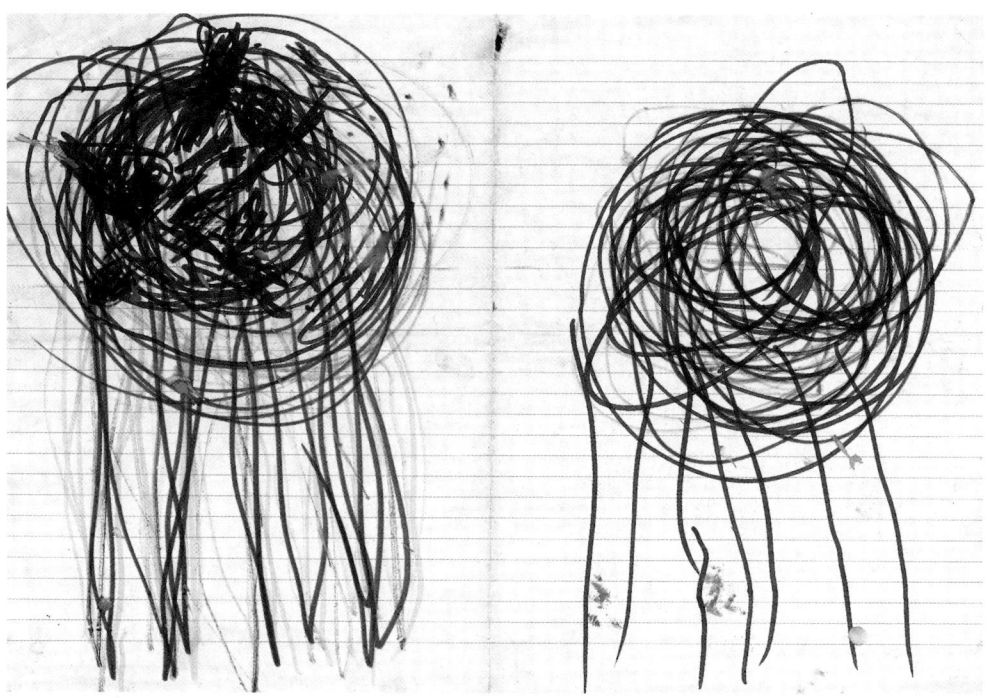

In einem ihrer nächsten Bilder verstärkte sich die räumliche Orientierung. Der »Tausendfüßler« stand jetzt fest im Raum!

Mahler geht davon aus, daß beim eineinhalb- bis zweijährigen Kleinkind das Ausprobieren von mütterlicher Nähe und Distanz eine erste Balance gefunden hat. Es läßt sich eine Parallele herstellen zu den ausgewogenen, raumgreifenden und farbenprächtigen Bildern ungefähr vierjähriger Kinder – der Raum ist vertraut und in Besitz genommen.

Nach dieser Zeit des Schwelgens in Farbe und des Raumeroberns drängte Sara darauf, Neues zu schaffen. Strukturen und Konstruktionen in Form von Kreuzungen wurden entworfen, kreative Kräfte geübt. (Siehe Bild Seite 40, oben.)

In der Entstehungszeit dieser Kreuzungs- und Konstruktionsbilder fiel mir besonders auf, wieviel »Rückgrat« Sara inzwischen entwickelt hatte, welches Durchsetzungsvermögen sie auszeichnete; sie wußte genau, was sie wollte! Eine Stabilisierung hatte stattgefunden – nicht nur auf der Bildebene.

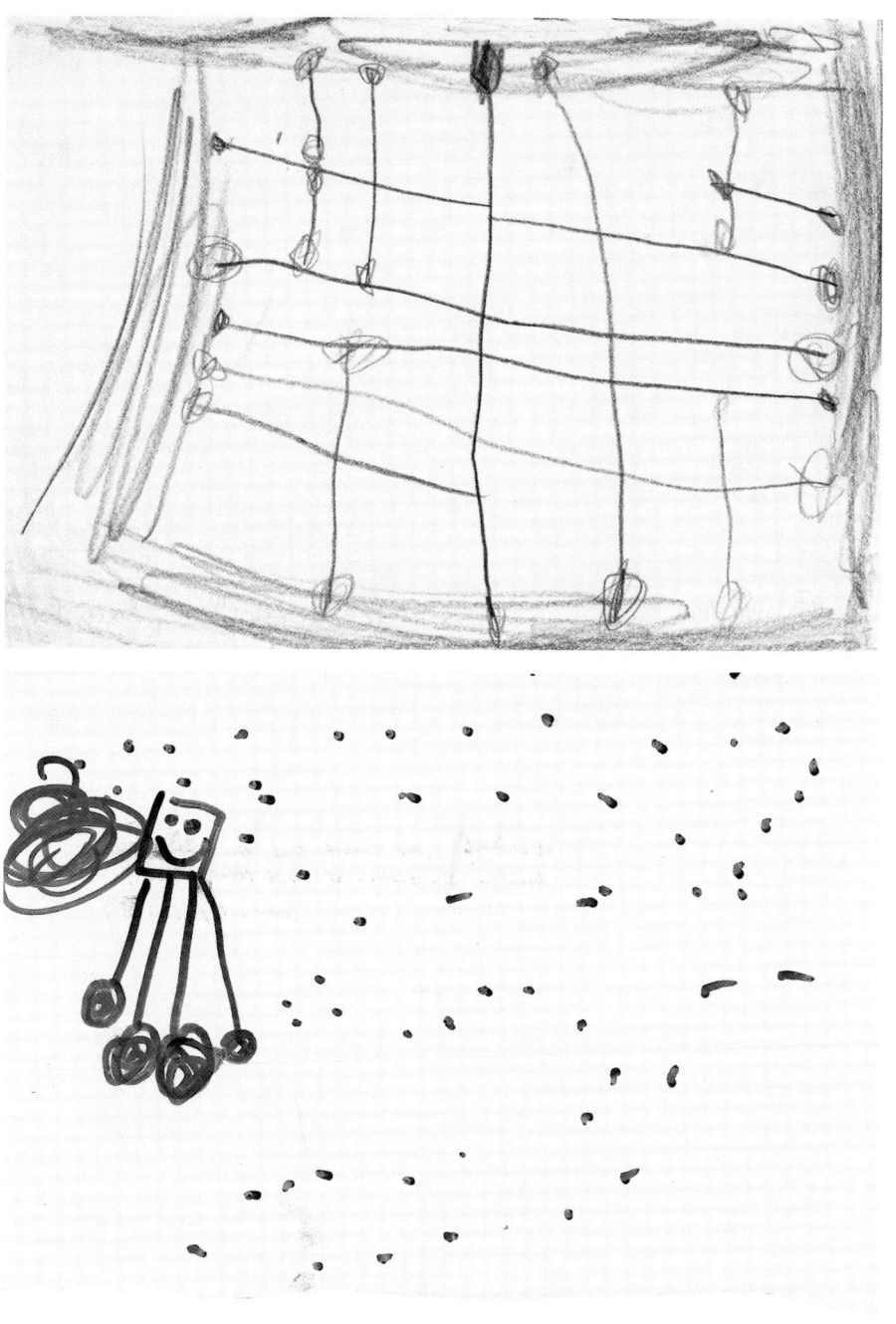

Die gemalten Formen und Figuren behielten ihre eindeutige Bezeichnung – das gezeichnete Klettergerüst blieb ein solches, der Wolf war auch zu einem späteren Zeitpunkt noch ein Wolf (siehe Bild Seite 40, unten).

Hier liegt der Gedanke nahe, daß das malende Kind mit der eindeutigen Verknüpfung von Form und Begriff gleichzeitig seine ersten Kleinkind-Erfahrungen mit der »Objektkonstanz« wiederbelebt; damit wird die Fähigkeit des Kindes bezeichnet, das innere Bild seiner primären Bezugsperson auch während ihrer Abwesenheit aufrecht zu erhalten.

Bachmann und Egger gehen davon aus, daß die gestalterische Verarbeitung der Vergangenheit beim etwa vierjährigen Kind die Gegenwart eingeholt hat. Mit dem Ende der vorfigurativen Phase scheint das Kind nun auch in der Lage und vermehrt bereit zu sein, sich mit Gegenwärtigem auseinanderzusetzen, vielleicht gerade deshalb, weil durch ein »Nacharbeiten« eine Stabilisierung stattgefunden hat. Anhand der folgenden Übersicht läßt sich die Entwicklung der Urformen in der vorfigurativen Phase in Verbindung mit Phasen der Persönlichkeitsentwicklung des kleinen Kindes kurz nachvollziehen.

	Kritzel-knäuel	Der Körper hat noch keine Grenze oder Richtung Symbiotische Phase (Mahler)	**A**
	Spirale	Der Körper entwickelt eine Richtung Neugier, Antrieb, Ausbruch aus der Symbiose Brutphase (Mahler)	**B** **G** **R** **E**
	Kreis	Der Körper hat eine Grenze Innen- und Außenwelt Ich – Nicht-Ich Frühe Übungsphase (Mahler)	**N** **Z** **U** **N**
	Zentrum	Der Körper entdeckt Strukturen der Innenwelt	**G**
	Achse	Die »Brust« (Freud), der Körper, hat zwei Seiten: (gut – böse) links – rechts anders – gleich	**I** **N** **N**
	Urkreuz	Orientierung im Raum Gefühl für: senkrecht und waagrecht oben und unten rechts und links	**E** **N** **W** **E** **L**
	Puls-punkte	Der Körper entdeckt seinen inneren Rhythmus Ausdruck von Leben (Herz, Atmung)	**T**

	Unorientierte Tastfigur	Entdeckung der Umwelt in allen Richtungen Beginn der Expansionsphase Eigentliche Übungsphase (Mahler): Die Entdeckungsreisen gehen immer noch von der Mutter aus	E X P A N S I O N
	Gerichtete Tastfigur	Orientierung im Raum Bestimmtheit und Wollen Forderung nach immer mehr Unabhängigkeit Beginnende Wiederannäherung (Mahler)	
	Raumbild – Spuren	Raum wird in Besitz genommen Malstil wird deutlich (meist durch alle späteren Bilder erhalten) Wiederannäherungskrise (Mahler)	
	Raumbild – Flächen	Phase der optimalen Entfernung von der Mutter	S T R U K T U R
	Kreuzungen	Spiel mit Neuem Konstruktionen Üben der Kreativität	
	Kasten	Konsolidierung (Mahler) Ende der vorfigurativen Phase	

Durch sein ganzes späteres Leben wird das Kind immer wieder mit den vier Aspekten seiner Selbsterfahrung (Abgrenzung, Innenwelt, Expansion, Struktur) konfrontiert. In allen späteren Phasen der Malerei, bis ins Erwachsenenalter, kommen sie immer wieder vor und sind von prägender Bedeutung.

* »Urformen – Vorfiguratives Malen«; zusammenfassende Skizze von Schmeer nach Egger (1984): unveröffentlichtes Manuskript o.O., o.J.

Beginn der figurativen Phase

Für Sara beginnt nun eine Zeit, in der sie die Grenzen auch des groß-flächigsten Papiers immer wieder überschreitet. Die Farbe macht vor dem Körper nicht halt: Unbekleidete Körperteile wie Hände, Arme, Füße, Beine, Bauch werden bunt bemalt – selbstversunken wandern die Farben immer wieder vom Blatt zum Körper und zurück zum Papier (siehe Foto Seite 46).

Singend entstehen Musikbilder und Malgeschichten, Briefe werden verfaßt an den kleinen Fuchs, der eigentlich Gabriel heißt und Saras Freund ist. Tante Else bekommt ein »Unterschwemmungsbild« geschickt, mit dem sie sicherlich wenig anfangen kann. Liebesbriefe an den Papa werden als kleine gemalte und geklebte Geschenke verpackt, die er am Abend auf seinem Schreibtisch findet.

Sogenannte »Kopffüßler« und »Greiflinge« (siehe Bild Seite 45) tauchen als Menschen und Tiere auf, zusammengesetzt aus lange geübten Kritzel- und Grundformen, Gestalten, die aus ihrem Schwebezustand zum Landen und Stehen kommen und ein gesundes Selbstbewußtsein ausstrahlen.

Mit der Möglichkeit, die menschliche Figur zu schaffen, steht dem Kind die gesamte Umwelt zur Gestaltung zu Verfügung.

»Das Kind hat in den vorausgegangenen Phasen gelernt, die geometrischen Grundformen zu zeichnen, aus denen sich alles zusammensetzen läßt. Es kann also alles, was es will, darstellen. Dabei ist es aber weniger daran interessiert, sich den Objekten seiner Darstellung anzupassen, sie also genau zu beobachten und entsprechend ›richtig‹ abzubilden. Das Kind paßt vielmehr die äußere Gestaltwelt seinen inneren Bedürfnissen an. Es malt die Dinge nicht, wie sie sind, sondern so, wie sie gerade in sein Erleben passen. Diese von magischer Phantasie begleitete Darstellung macht dabei oft einen plötzlichen Stimmungswechsel durch. Eine eben noch friedliche

45

Figur kann zum zähnefletschenden Raubtier werden, ein Sonnenhimmel sich durch zahllose Regentropfen verdunkeln. Oder eine Figur macht sich bei einer bestimmten Tätigkeit schmutzig und wird entsprechend mit schwarzer Farbe überpinselt. Das Kind ist überhaupt nicht daran interessiert, daß die einzelnen Stadien solcher Verwandlung erhalten bleiben. Es ist mit dem Verlauf identifiziert, und so lagern sich Schichten seines Erlebens übereinander wie Filmbilder. Man sieht und hört geradezu, wie ein malendes Kind in das Geschehen involviert ist, das es gerade darstellt, und wie sich durch diese aktive Beteiligung Spannungen und Ängste lösen können. Oft sprechen Kinder mit den entstandenen Figuren oder machen zu vielen Gegenständen entsprechende Geräusche; oft geraten sie selbst in Bewegung, als ob die Wesen ihnen gegenüber lebendig wären. Das sieht dann fast wie ein Tanz vor dem Bild aus.

Ein Hund bellt, eine Maschine rattert, ein Motor heult auf, ein Sturm braust, ein fressendes Tier schmatzt – alles Begleiterscheinungen eines intensiv erlebten Vorgangs, in dessen Verlauf wie im Spiel durch Symbolbildung Erleben verarbeitet wird.« (Bachmann)

Allgemeine Merkmale der Bildgestaltung ab dem vierten Lebensjahr

Etwa zwischen dem vierten und dem zwölften Lebensjahr spricht Seitz von der »schematisierenden Darstellungsweise«. Seiner Ansicht nach sind nicht die in der Umwelt zu findenden visuellen Muster für die Entwicklung der kindlichen Zeichensprache entscheidend, sondern die sich aus den Kritzeleien ergebenden Formanregungen. Das Kind bildet nicht ab, sondern es bildet. Es erschafft mehr, als es nachschafft. Dabei geht das Kind nicht von dem aus, was es sieht, um es nachzumalen und möglichst so darzustellen, wie es »von außen« aussieht. Es geht vielmehr von dem aus, was es am Gegenstand erlebt. Es setzt Sinnzeichen für das, was es von seiner Umgebung weiß, was es dort erfahren hat und vermutet. Das Kind übersetzt die Wirklichkeit, es kopiert sie nicht. Es zeichnet, was ihm wesentlich erscheint, und versucht, sein Umweltverständnis mit Hilfe seiner Sinnzeichen bildhaft zu machen.

Charakteristisch für die Zeichnungen in diesem Alter sind die annähernd geometrischen Formen, mit denen das Kind alles darstellen kann. Während dieser Malphase treten folgende Merkmale immer wieder auf:

● Die Prägnanz
Die Gegenstände werden in möglichst charakteristischer und klarer Ansicht dargestellt. So finden wir auf derselben Zeichnung Tiere zum Beispiel von der Seite, Straßen und Gartenbeete dagegen aus der Vogelperspektive.

● Die Anthropomorphie

Das Kind neigt dazu, sich mit allem Lebendigen zu identifizieren. Deshalb werden die Tiere antropomorph, das heißt menschenartig, dargestellt. So entsteht zum Beispiel ein Storch mit Ohren oder ein Pferd mit einem lachenden Menschengesicht (siehe Bild Seite 22).

● Die Simultanperspektive

Mehrere Ansichten und Blickwinkel werden gleichzeitig wiedergegeben. Dazu gehören beispielsweise heruntergeklappte Häuserfassaden neben einer Straße, hochgeklappte Gärten, ein Gesicht gleichzeitig in Front- und Seitansicht dargestellt.

● Das »Röntgenbild«

Das Kind zögert nicht, Inneres und Äußeres gleichzeitig darzustellen. So entstehen Häuser mit durchsichtigen Wänden, eine Mutter mit sichtbarem Baby im Bauch, ein Weihnachtsmann mit Geschenken in »Innen- und Außenansicht« (siehe Bild Seite 49, oben). Das Kind stellt also sein Wissen vom »Sein« der Lebewesen und der Gegenstände dar.

● Die Ausdrucksproportionen

Hier wird das, was wesentlich erscheint, groß gemalt. Das weniger Wichtige erscheint klein im Bild. So kann eine rosarote Katze durchaus die Größe einer Kirche erreichen (siehe Bild Seite 49, unten).

● Die Erzählung

Die Sprache in Bildern ersetzt die Sprache in Worten, aber der Wunsch ist meist der gleiche: zu informieren, zu erzählen, sich mitzuteilen, Zeichen zu setzen, die verstanden werden wollen.

49

Di Leo weist darauf hin, daß das Kind vor dem Schuleintritt alles zeichnet, »von dem es weiß, daß es da ist, unabhängig davon, ob oder wie es tatsächlich sichtbar ist… Der Übergang von Subjektivität zu Objektivität ist jedoch nicht abrupt; beide ›Sicht‹-Weisen können weit über das Alter von sieben Jahren hinaus nebeneinander bestehen«.

Naturalistisches Beobachten und Zeichnen tritt nach den Untersuchungen von Seitz im Normalfall erst in der Pubertät auf. (Vertiefende Literatur zu diesem Thema finden Sie im Anhang.)

Wolfshöhle, spitze Zähne und Steine im Bauch – die konfliktlösende Wirkung bildhaften Gestaltens

Das malende Kind im Kindergartenalter ist involviert in das Geschehen, das es darstellt. Spannungen und Ängste können sich hier lösen, Erlebtes kann verarbeitet, heilsame Kräfte können aktiviert werden. Einige Beispiele aus der Kindergartenzeit meiner Tochter mögen dies verdeutlichen.

»Jetzt mal’ ich eine Fuchsgeschichte«

Sara, deren Vater als Freizeitjäger zu Hause öfters von seinen Jagderfahrungen erzählt, sitzt am Tisch und verkündet: »Jetzt mal ich eine Fuchsgeschichte!« Sie beginnt, dichtend und singend mit ein paar herumliegenden Stiften zu malen:

»Die Gelb saußt durch das braune Feld und dann hat sie ganz viel Geld hm, hm …
Grün sein soll das Gras uah, uah, la, la …
Es regnet und ich sitz im Streifenwagen la, la, la …(laut)«
Sie malt mit orange und flüstert: »da, da, da …«

Sie sagt: »Schau mal, es regnet, knallt und rumpelt und schallt, schau mal, bunter Regen und hier kommt zweifarbiger Regen und grüner einfarbiger Regen.

Schau mal: Donner- und Groll- und Blitzregen.

Und da mal ich (singt wieder):

Der große Habicht hat ne Maus, der große Habicht hat ne Maus.«

Sie erzählt versunken vor sich hin: »Da ist ein Habicht, der hat eine Maus gefangen – der hat nen Vogel gefangen.«

Zu mir gewandt: »Keinen kleinen Jungvogel, sondern weißt, einen erwachsenen kleinen Vogel.«

Plötzlich hält sie inne und sagt empört: »Wenn nächstes Mal ein Habicht auf unserem Hof rumsaust, ruf ich den Papa mit seiner Flinte, dann schießt der den tot!«

Sie wendet sich wieder ihrem Blatt zu und beginnt zu pünkteln mit den Worten: »Da ist ein Wolf hineingetapst, (singt) tapp, tapp, tapp… hinter dem Auto her!

Hier ist der eine große Wolf eingerollt in seim Lager, in seiner Höhle – der Mamawolf. Und der kleine Wolf ist das da (während des Malens heult sie wie ein Wolf und singt zum Schluß) tapp, tapp, tapp…

Da ist der Vaterwolf, der ist grad draußen!« (Schweigend entsteht nun ein wirklich großer Wolf in der unteren Mitte des Blattes.)

Ein Deutungsversuch

Das dargestellte Beispiel von der Entstehung eines Kinderbildes eignet sich gut, um einige Überlegungen zur Deutung einer Kinderzeichnung anzustellen.

Die Idee, eine Fuchsgeschichte zu malen, stand am Anfang. Sie wurde jedoch unbewußt einem ursprünglicheren Bedürfnis geopfert. In einer

entspannten Atmosphäre bahnte sich das seinen Weg, was zur Verarbeitung drängte.

Aus dem Fuchsbild wird – nach einigen erlebnisreichen Zwischenstationen – letztendlich ein Wolfsfamilienbild. Die in der winzigen Wolfshöhle eingekringelte Wolfsmutter mit ihrem Jungen und der Vaterwolf, der draußen ist, stehen am Ende der Geschichte.

Ein Schutzsymbol – die Höhle – scheint notwendig, um sich an die Mutter gekuschelt einzurollen, wenn Gefahren lauern. Und Gefahr ist für das Mädchen im Verzug, wenn der große Habicht einen kleinen, erwachsenen Vogel raubt.

Tatsächlich hatte Sara einige Tage zuvor erlebt, wie auf unserem Anwesen ein Hühnervogel eine führende Zwerghennen-Glucke aus ihrer Kückenschar geraubt hatte. Für die kleine Mutter-Henne kam jede Hilfe zu spät.

Sara identifizierte sich mit den hilflos und ziellos umherirrenden Kücken und war sehr besorgt um deren Überleben. (Kurze Zeit später wurden diese glücklicherweise von einer anderen Glucke »adoptiert« und unter die schützenden Fittiche genommen.)

Ein weiteres erschreckendes Ereignis hatte vor einigen Tagen seine Schatten geworfen: Unser Hof liegt in einiger Entfernung von einer gefahrenträchtigen Straßenkurve, an der vor kurzem ein schwerer Verkehrsunfall passiert war. Ein erhebliches Aufgebot an Streifenwagen und Rettungsfahrzeugen war zur Bergung der Verletzten benötigt worden.

Auf der Kinderzeichnung taucht nun eines der Polizeiautos auf. Es wird von Sara gesteuert, die sich auf dem Wege der Gestaltung der Situation aktiv bemächtigt.

Das bildlich dargestellte, bunte Blitz- und Donnergrollen findet seine Entsprechung in den schweren, herbstlichen Gewitterstürmen, die seit einiger Zeit die Gegend heimsuchten. Die Hausantenne war am Tag zuvor vom Blitzschlag stark beschädigt worden.

Saras Vater ist bedingt durch sein Hobby viel »draußen«, genau wie der Wolf auf der Zeichnng.

Das (Wolfs-)Kind sucht Schutz in der mütterlichen Geborgenheit der kleinen Wolfshöhle. Dort kann kein Blitz einschlagen, kein Raubvogel eindringen, kein Unfall passieren! Aus dieser geschützten Position heraus lassen sich die zuvor als bedrohlich wahrgenommenen Ereignisse in entspannt-kreativer Weise wiederbeleben und gestalterisch in Szene setzen.

Wir finden in dieser »verhinderten« Fuchsgeschichte einiges von dem wieder, was das Mädchen in den vorausgegangenen Tagen und Wochen emotional beschäftigt hatte. Erlebnisse, die in eine Sing-Erzähl-Geschichte »verpackt« und hinter symbolischen Bildelementen »versteckt« wurden. Die Geschichte kann als ein Bewältigungsversuch verstanden werden.

Reifezeiten und Bewältigungsstrategien

Saras Krisen- und Reifezeiten, wie homöopatisch behandelter Scharlach mit langwierigem, aber relativ leichtem Krankheitsverlauf, werden unter anderem gemeistert mit stundenlangem, selbstvergessenem Mischen von roten und blauen Wasserfarben und mit dem Füllen von unzähligen Blättern, die eine dynamische blaßviolette Färbung erhalten.

Während dieser Zeit steht das allabendliche Rollenspiel »Fellwechsel« hoch im Kurs. Ohne dieses Spiel (Tageskleidung gegen Schlafanzug und Schaffell-Schlafsack austauschen) ist an ein »Ins-Bett-Bringen« gar nicht zu denken. Phantasievolle Geschichten ranken sich um diese allabendlichen »Häutungen«. Tatsächlich schälen sich während der Krankheit Saras Hand- und Fußsohlen; sie scheint sich zu häuten wie ein Tier, das von einer Entwicklungsphase zur nächsten wechselt beziehungsweise aufgrund eines Wachstumsschubs eine neue Hülle benötigt.

Cooper (zitiert in Ingrid Riedels Buch »Maltherapie«) bezeichnet Violett als die Farbe der Wandlung. Riedel spricht vom »Reifungs- und Wandlungsvorgang der Weiblichkeit«, der sich in dieser Farbe ausdrückt.

Nach ihrem fünfwöchigen Krankenstand scheint Sara tatsächlich verwandelt. Sie wirkt größer, verständiger, gereifter, selbständiger, manchmal aber auch trotziger, eigenwilliger, selbstbestimmter. Dies drückt sich auch in ihren Zeichnungen aus.

So setzt sie sich beispielsweise mit mir auf der bildhaften Ebene in einer Situation auseinander, in der ich mich über ihr trotzig-dickköpfiges Verhalten aufrege und ziemlich verärgert reagiere (trotz meines Wissens um die Trotzphase – auch ich bin glücklicherweise nicht perfekt!). Sara ist wütend auf mich, kann ihre Gefühle aber nicht direkt an mich adressieren, da ich es in meiner momentanen Gereiztheit bevorzuge, das gemeinsame »Schlachtfeld« zu verlassen, um den Pferdestall zu misten und mich auf diese Weise abzureagieren. Wenige Minuten später erscheint auch Sara im

Stall und signalisiert wieder gute Laune: »Schau, Mama, was ich gemalt habe…« Ein Pferd – ihr erstes für mich erkennbares – mit dickem Bauch, vier kräftigen Beinen, einem Kopf mit einem Auge, zwei Ohren und der Andeutung einer Schnauze ist entstanden. In ihrer Mal-Begeisterung hat sie wohl ihren Ärger weggearbeitet oder ihn während des Gestaltens möglicherweise vergessen – oder sie möchte einfach wieder »gut Wetter« machen.

Obwohl auch mir ihr Bild sehr gefällt, bin ich zu diesem Zeitpunkt noch nicht in der Lage und gewillt, wieder einzulenken, und reagiere entsprechend mürrisch. »Ich hab noch was vergessen«, ruft Sara vergnügt und verschwindet wieder im Haus. Kurze Zeit später erscheint sie erneut, freudig ihr Bild schwenkend. Ihr Pferd hat nun ein Maul, das mit zwei spitzen Zahnreihen seine Wehrhaftigkeit demonstriert (siehe Bild Seite 56, oben): »Für dich, Mama!« Dieses zähneknirschende Tier bringt mich endlich wieder in Stimmung – ich erkenne mich selbst darin wieder und muß lachen. Auch mein Ärger ist nun verraucht!

Für Sara scheint dies eine Möglichkeit zu sein, mir ihre Zähne zu zeigen; ihre Mißstimmung kann sie im Bild kanalisieren. Die Zeichnung erfüllt darüber hinaus den Zweck eines »Friedensangebotes«.

Pferde und später auch Stuten mit ihren Fohlen tauchen deshalb immer wieder in den Bildern meiner Tochter auf, weil wir zu dieser Zeit eine Haflingerstute besitzen, die ihr Fohlen auf unserem Hof zur Welt bringt. Das erlebnisreiche Zusammenleben mit der Stute, die ihr Pferdekind liebevoll umsorgt, eröffnet Sara vielfältige Identifikationsmöglichkeiten. Das zeigt sich zum Beispiel während einer Erkrankung Saras an einer Salmonellenvergiftung: Sie malt unablässig sich entleerende große und kleine Pferde; die Fohlen verkriechen sich dabei immer unter den Bauch ihrer Pferdemütter (siehe Bilder Seite 56, unten, und 57, oben).

Manchmal scheinen die Tierbäuche gefüllt mit steinartigen Gebilden, manchmal bekommen sie blaurote Köpfe vor lauter Anstrengung (siehe Bild Seite 57, oben), manchmal ist die Bauchgegend verziert mit eigenartigen Mustern – dem betroffenen Bereich wird jeweils besondere Aufmerksamkeit geschenkt (siehe Bild Seite 56, unten).

Das Mädchen überträgt den Pferden in ihren Zeichnungen ihre Schmerzen, ihre Durchfälle und ihre Übelkeit. Es entlastet sich, indem es den Schmerz nach außen projiziert und gleichzeitig eine aktive Vorstellung davon entwickelt, was ihm hilft, die schmerzhafte Krankheit zu ertragen und zu überwinden: Ähnlich wie ihre Fohlen bei den Pferdemüttern sucht Sara in dieser Zeit ganz besonders meinen Schutz und meine körperliche Nähe, um bei den die Krankheit begleitenden heftigen Bauchkrämpfen Linderung zu erfahren. In ihren Bildern tauchen auch immer wieder gefährliche Raubvögel auf, die das Pferdekind bedrohen. Der Bogen, den der Mutterbauch über dem Tierkind bildet, kann als ein Schutzsymbol gedeutet werden.

Heilende Kräfte scheinen hier am Werk zu sein, möglicherweise um Abwehrkräfte zu mobilisieren und um beängstigende Krankheitsverläufe abzumildern und zu bewältigen. Kreative Selbstfindungskräfte werden aktiviert, die in Belastungskrisen über den Weg der gestalterischen Verarbeitung immer wieder eine innere Balance herzustellen suchen.

Das Symbol des Bogens wird von Sara auch benützt, um in einer Art »magischer Praktik« ihre Lieblingskatze zu beschützen. Diese hielt sich besonders gerne im nahegelegenen Wald zur Mäusejagd auf und setzte sich damit der Gefahr aus, dem Jäger zum Opfer zu fallen. Um diese Gefahr zu bannen, entstand ein Bild mit einem beschützenden Regenbogen, als die Katze eines Tages tatsächlich verschwunden war und nicht wieder auftauchte (siehe Bild Seite 57, unten). Sara versuchte damit, ihre Angst um das Tier zu bewältigen und ihre Traurigkeit über den Verlust zu überwinden.

Nach Bachmann taucht das Symbol des Bogens in Kinderzeichnungen bevorzugt kurz vor dem Schuleintritt auf. Es ist eine Zeit, in der das Kind in einer Art »Wiederannäherungskrise« sich des Schutzes durch das Elternhaus versichert und dabei wechselweise regressive und progressive Verhaltensweisen zeigt, das heißt sich schon groß und dann wieder klein und bedürftig fühlt.

Über das Verstehen von Kinderbildern

»Man sieht nur mit dem Herzen gut,
das Wesentliche ist für die Augen unsichtbar.«
Antoine de Saint-Exupéry

Zeichnen und Malen sind eine sehr persönliche Angelegenheit. Jedes Bild spiegelt Persönlichkeitsanteile seines Schöpfers wider. Umgekehrt hat auch die Deutung einer Zeichnung immer mit dem Standpunkt des Betrachters zu tun und wird beeinflußt von Anteilen aus seiner eigenen Erlebniswelt; jedes Bild läßt daher verschiedene Schlüsse zu. Ein ausschließlich an schematischen Symboldeutungen orientiertes Zergliedern von Bildinhalten ist ebenso kurzsichtig und wenig verantwortsvoll wie das nachträgliche Analysieren einer fertigen Zeichnung, bei der die entstehungsgeschichtlichen Hintergründe und der Gestaltungsprozeß nicht mitberücksichtigt werden.

»Die Deutung von Symbolen kann sich nicht an feststehenden Regeln orientieren. Ein Symbol mag universell sein, seine Bedeutung aber ist individuell. Zeichnungen können neue Einsichten vermitteln; sie können bestätigen, was wir bereits wissen. Aus dem Zusammenhang gerissen, können sie irreführen.« (Di Leo)

Möglichkeiten des Verstehens

Welche Möglichkeiten gibt es nun, sich den verborgenen Wahrheiten in Zeichnungen von Kindern, die uns Sorge bereiten, anzunähern, um sich einzufühlen in Unausgesprochenes oder gar Unaussprechliches?

● Eine davon ist, sich gewissermaßen »von außen ein Bild zu machen« und Brennpunkte, Auffälligkeiten, Symbole, Formen, Farben und die Intensität der Bildinhalte sowie die Bildaufteilung zu beleuchten. Eine Kinderzeichnung ausschließlich »von außen« verstehen und interpretieren zu wollen, lehne ich jedoch entschieden ab. Dieses Vorgehen kann lediglich als Hilfsmittel dienen für ein differenzierteres Herangehen an das Bild und für weitere gedankliche Fragestellungen.

● Geduld, Einfühlungsvermögen und ein lebendiges Interesse sind nötig, um einen vertiefenden Weg des Verstehens einzuschlagen. Das Einbeziehen der Lebensumstände, des Beziehungsgeflechtes der Familie, der Kindergruppe, der Schulklasse spielt dabei eine ebenso maßgebliche Rolle wie die Berücksichtigung momentaner Entwicklungsphasen besonderer Begebenheiten und belastender Konfliktsituationen des Malenden. Auch das Beobachten des Verhaltens und das aufmerksame Zuhören während des Malprozesses können aufschlußreich sein. Ein Schwerpunkt der vorliegenden Arbeit basiert auf *dieser* Vorgehensweise (siehe Kapitel »Kinder setzen Zeichen«, Seite 71 ff.).

● Eine weitere und meiner Erfahrung nach außerordentlich hilfreiche Möglichkeit ist unter Umständen, sich als Erwachsener selbst in Beziehung zu setzen mit den vom Kind gestalteten Bildinhalten und zu versuchen, eigene Anteile am Geschehen zu erkennen. Im Kapitel »Gespräche mit Müttern über Bilder ihrer Kinder« habe ich anhand einiger Beispiele dargestellt, welche Erfahrungsprozesse auf diesem Wege eingeleitet werden können (siehe Seite 107 ff.).

● Bereichernd für alle Beteiligten kann es sein, wenn Erwachsene selbst über das gestalterische Tun mit ihren eigenen, spielerisch-kreativen Anteilen in Kontakt kommen und »das Kind in sich« mit seiner unkonventionellen, schöpferischen Kraft in sich spüren. Erwachsene malen auf meine Anregung hin häufig zuerst einmal selbst, bevor wir über mitgebrachte Kinderzeichnungen ins Gespräch kommen. Anfangs benötigen sie meist eine Ermutigung, um zum Stift oder zum Pinsel zu greifen. Viele von ihnen haben irgendwann in ihrer eigenen Kindheit die Malutensilien aus der Hand gelegt – vorerst für immer. Finden sie jedoch wieder Zugang zu diesem Ausdrucksmittel, verändern sich Bewertungsmaßstäbe, Vorurteile werden entschärft und abgebaut, erstarrte Einstellungen und Haltungen ändern sich, die Toleranz für kindliche Ausdrucksformen wächst. Denn die Arbeit mit eigenen Bildern kann spielerisch leicht und lustvoll sein, verbunden mit Humor und Spaß; sie kann entspannen, entlasten, ermutigen und bereichern, das Selbstvertrauen und das Selbstwertgefühl steigern und freudige Aha-Erlebnisse und interessante Erkenntnisprozesse einleiten. Sie kann Kommunikations- und Beziehungsbrücken bauen, die jenseits der Sprache liegen und beim Suchen und Finden von Lösungswegen in festgefahrenen Lebens- und Konfliktsituationen unterstützen. Das Kapitel »Mütter malen« erzählt davon (siehe Seite 129 ff.).

Brennpunkte – Annäherungen an das Bild

Um einige Brennpnkte – gedacht als Anregungen für ein erstes Sich-Annähern, fürs Hineinhorchen und Sich-Hineinfühlen in eine Kinderzeichnung – zu benennen, beziehe ich mich auf den amerikanischen Psychologen Gregg M. Furth. Er hat in seinem Buch »Heilen durch Malen« sensibel und anschaulich beschrieben, welche Faktoren hierbei berücksichtigt werden können.

Erste Fragen

Furths Kernfage beim erstmaligen Betrachten einer Zeichnung lautet:

- Welches Gefühl vermittelt mir dieses Bild?

Bei näherer Beschäftigung mit den Bildinhalten könnten weitere Fragen gestellt werden:

- Welche Auffälligkeiten sind zu erkennen?

- Was steht im Mittelpunkt?

- Was fehlt?

- Welche Hindernisse sind zu entdecken?

- Welche Größe, Form und Bewegungsrichtung haben die dargestellten Objekte?

- Gibt es unterschiedliche Perspektiven, Auslassungen, Schattierungen, Abgeschnittenes, Eingeschlossenes, Unterstrichenes, Schriftliches, Durchsichtiges, Bildrückseiten, verzerrte Formen im Bild?

- Was wiederholt sich immer wieder?

Wichtig bei all diesen Fragen ist nach meiner Erfahrung, den momentanen Entwicklungsstand des Kindes im Auge zu behalten, sich auf seine Individualität einzustimmen und sich auf die Einzigartigkeit des Weges, den es geht, zu besinnen, sich für die lebensgeschichtlichen Umstände und aktuellen Lebenszusammenhänge des Malenden zu interessieren und sie zu berücksichtigen.

Bildaufteilung, Farbe und der Vorgang des Malens

Hilfreich bei der Beschäftigung mit Bildern kann die Berücksichtigung der Bild- und Raumaufteilung, der Farbsymbolik, des verwendeten Materials sowie das Zählen von sich wiederholenden Gegenständen sein. Furth weist jedoch darauf hin, daß dabei keine Verallgemeinerungen möglich sind. Farbinterpretation kann sich damit beschäftigen, wie, wo, in welcher Menge und mit welcher Intensität Farbe auf dem Blatt verteilt wird. Furth geht jedoch auch hier davon aus, daß es keine treffsicheren Regeln für das Interpretieren von Farbe gibt.

In gewissem Sinn kann man eine Zeichnung wie das Leben eines Menschen ansehen: Ist es ausgefüllt oder leer, wird der Platz genutzt? Das volle Bild kann Lebenskraft und Austausch mit dem Leben zeigen oder den Wunsch danach ausdrücken.

Randständigkeiten im Bild können verglichen werden mit Abgrenzen, Zögern, Sich-Zurückhalten, auch damit, sich nur teilweise auf etwas einzulassen. Ausradieren und Auslöschen deuten möglicherweise auf Konflikte und unerfüllte Wünsche hin.

Die achtjährige Isabelle zum Beispiel füllte in den letzten zwei Jahren unzählige Blätter mit sich ähnelnden Hundedarstellungen. Jeder Hund wird jedoch wieder ausradiert, gelöscht oder immer wieder »verbessert«. Oft wird das gestaltete Blatt zerknüllt und weggeworfen. Seit Jahren wünscht sich dieses Mädchen einen lebendigen, kleinen Hund. Sie hat sich zu verschiedenen Gelegenheiten schon einen Hundekorb, ein Halsband, eine Leine und einen Futternapf schenken lassen. Aber ihr sehnlichster Wunsch scheitert am »Nein« des Vaters. Er duldet keine Tiere im Haus.

Drei Grundregeln

Nach Furth sollten drei Grundregeln beachtet werden beim Betrachten eines Bildes, das unsere besondere Aufmerksamkeit erregt hat:

- Den ersten Eindruck des Bildes festhalten, aber sich nicht darauf festlegen, dem Bild »zuhören«, sich hineinfühlen, wahrnehmen, sich als Forscher betätigen, sich ohne Hast seinen Inhalten annähern.
- Papiergröße, Format und Qualität des verwendeten Materials berücksichtigen, auf Brennpunkte achten und darauf, was der Malende zum Bild sagt und wie er sich beim Malen verhält.
- Miteinander in Beziehung bringen, was man aus den einzelnen Komponenten erfahren hat, und diese Informationen zu einem Ganzen versuchen zusammenzufügen.

Grundsätzlich sollten vorschnelle Schlüsse vermieden werden. Wichtig für unser Verhalten Kindern und ihren Bildern gegenüber ist, daß wir ihnen beim Gestalten Zeit lassen, ihr eigenes Tempo und ihre eigene Formensprache zu entwickeln, daß wir nicht in ihre Bilder hineinmalen, nicht vormalen, nicht kritisieren und vor allem zurückhaltend sind mit Vorschlägen zu Inhalt und Ausführung.

»Käfer, Igel oder Weihnachtsbaum – was hast du da gemalt?«

Als ich bei meiner damals etwa dreieinhalbjährigen Tochter beobachtete, wie sie ein blüten- oder blumenartiges Gebilde malte, und ich mich freute, endlich etwas erkennen zu können, belehrte sie mich vorwurfsvoll: »Das ist doch keine Blume! Das ist ein Käfer, äh ein Igel, sieht aus wie ein Weihnachtsbaum mit Trauben drauf!« Ich habe aus diesen »Frage-Fehlern«

gelernt! Mir wurde klar, daß sich bei Kindern, die am Beginn ihrer Malentwicklung stehen, das ständige Nachfragen: »Was hast du da gemalt? Was ist denn das da? Was soll das werden?« erübrigt, denn das, was entsteht, ist einem prozeßhaften Denken unterworfen und verändert sich inhaltlich immer wieder. Es entspringt anfangs »inneren Formvorstellungen« und ist im Kindergartenalter einem dynamischen und magischen Denken unterworfen.

Um die wichtigen Stufen kindlicher Malentwicklung nicht zu stören oder zu behindern, sollten wir auch damit aufhören, unseren Kindern vorzumalen, wie ein Haus, ein Mensch oder eine Blume »richtig« gemalt gehört. Es könnte sein, daß wir ihnen dadurch die Möglichkeit rauben, ihre eigene zeichnerische Sprache zu finden und ihnen mit unseren Vorstellungen vom Aussehen der Dinge eine Art »zeichnerische Fremdsprache« (Seitz) aufdrängen. Statt dessen sollten wir Kinder dazu ermutigen, ihre individuelle Formsprache zu entwickeln, indem wir ihre Werke wertschätzen, so wie sie sind, auch diejenigen, die wir nicht verstehen oder auf denen wir vorerst nichts Gegenständliches erkennen können.

Erfreulicherweise gibt es allerorts Eltern, die intuitiv die gemalten Bilder und Zeichnungen ihrer Kinder aus der Kindergarten- und Schulzeit sorgfältig aufbewahren. Vielleicht spüren sie, daß das Wesen ihres Kindes dahinter steht, fühlen sich angezogen von den Geheimnissen dieser bildlich dargestellten, phantasievollen Welt, auch wenn sie den Sinn der Bildsprache nicht verstehen.

»Das Kind phantasiert«, schreibt Strauss, »seine Seele spielt mit Erlebtem und Erinnertem. Es entsteht ein erzählend-illustratives Element. Wir begegnen verschiedenen Ebenen des Erlebens: wach Beobachtetes und träumend Erspürtes. Gesehenes und Empfundenes stehen sich oft unmittelbar gegenüber. Die Zeichnungen illustrieren Übergänge und Überschichtungen der unterschiedlichsten Wahrnehmungsbereiche.«

Merkwürdigerweise findet oft gerade das Bild, das nicht verstanden wird, auch keine Beachtung. Etwas, das auf den ersten Bilck nicht zu durchschauen ist, wird gerne abgewertet oder humoristisch fehlgedeutet. Eine mögliche Erklärung für dieses Verhalten könnte die Tatsache sein, daß die wenigsten Erwachsenen selbst noch malen und sich der bildnerischen Sprache entfremdet haben. Mit aus diesem Grunde rege ich in meiner beraterischen Arbeit mit Eltern und Pädagogen immer wieder zum eigenen Gestalten an.

Baumgardt weist darauf hin, daß das Kind in den verschiedenen Phasen seiner Entwicklung besonders gerne und viel zeichnet und malt. Es teilt sich mit und verarbeitet so, was es denkt und empfindet. Aufgrund seiner Abhängigkeitssituation nimmt es auch die Konflikte der Erwachsenen-Umgebung mit seinen unsichtbaren Antennen wahr. Es kann sich aber noch nicht schützend dagegen abgrenzen und muß das Wahrgenommene auf eine ihm gemäße Art austragen. So können Kinderbilder entstehen, die den Charakter von Mitteilungen haben, manchmal auch von Hilferufen, und es erfordert Einfühlungsvermögen vom Erwachsenen, diese zu verstehen und entsprechend zu reagieren.

Begleiten wir das Kind mit Toleranz und Wertschätzung, unterstützen wir es beim Erschließen *seiner* Ausdrucksmöglichkeiten. Es setzt Zeichen – wir können sie mit seiner Hilfe verstehen lernen.

Am Thema vorbeigemalt?

Immer wieder konnte ich beobachten, daß Kinder, wenn sie nach Themenstellung zeichnen oder malen, zum Beispiel in der »gezielten Beschäftigung« im Kindergarten oder im Kunstunterricht in der Schule, scheinbar am gestellten Thema »vorbeimalten«. Für mich sind solche Bilder, die trotz gutem Vorsatz das Thema verfehlen, immer besondere Bilder.

Der Gestaltungsvorgang folgt einer »inneren Priorität« und sollte vom Erwachsenen vertrauensvoll behandelt werden. Denn hierbei werden nach meiner Erfahrung die »echten«, für das Kind momentan wesentlichen Inhalte im Sinne von heilsamen Konfliktlösungs- und Verarbeitungsversuchen bearbeitet. Es sind demnach Zeichnungen, die wichtige, manchmal sogar existenzielle Botschaften enthalten. Sie zielen unbewußt auf das Verständnis der Bezugsperson und bedeuten einen Vertrauensbeweis. Da diesen Phänomenen in der Literatur bisher wenig Beachtung geschenkt wurde und sie auch in der kunsterzieherischen Ausbildung meist vernachlässigt werden, passiert es leider immer wieder, daß auf diesem Wege Mitgeteiltes nicht verstanden und deshalb abwertend behandelt wird. Aufgrund ihres Bildungsauftrages und durch den Druck, den Lehrplan einzuhalten, identifizieren Schulpädagogen so entstandene Zeichnungen oft als »Bilder mit verfehltem Thema« und reagieren vorwurfsvoll, zurechtweisend und neigen zur Enttäuschung der Kinder dazu, die entstandenen Produkte negativ zu bewerten beziehungsweise schlecht zu benoten. Die Kinder fühlen sich nicht verstanden, verlieren manchmal die Freude am gestalterischen Tun und den Mut zum »persönlichen Ausdruck«. Das Malen wird dann auf das Notwendigste reduziert.

Jedoch nicht nur in den sogenannten Bildungseinrichtungen begegnet Kindern diese Form des »Un-Verständnisses«. Auch ältere Geschwister – geprägt von ihrem leistungsbetonten Schulalltag – und Eltern, die sich von eigenen oder übernommenen, festgelegten Vorstellungen leiten lassen, wie ein Kinderbild auszusehen hat, greifen auch heute noch gerne kontrollierend, mißbilligend, abwertend, vermeintlich unterstützend und manchmal auch einfach nur gedankenlos ein in Gestaltungsprozesse jüngerer Kinder. Dabei werden die fertigen Produkte nach Maßstäben beurteilt, die sich weit von der kindlichen Logik entfernt haben.

Kinderbilder entstehen prozeßhaft. Kinder im Kindergarten- und Grundschulalter sind noch dem magischen Denken verhaftet. Dies schlägt sich in ihren Bildern und Zeichnungen nieder. Warum sollte eine Zeichnung nicht schwarz sein, wenn es in der darzustellenden Szene gerade Nacht geworden ist? Warum sollte auf dem Familienbild unbedingt die Schwester mitgemalt sein, wo es doch so angenehm ist, sie wenigstens hier einmal auszusparen, wo sie doch sonst dauernd im Mittelpunkt steht? Warum sollen dem Bruder Hände gemalt werden, wenn er doch ständig alle wichtigen Dinge vom Schreibtisch der Schwester unwiederbringbar verschleppt? Warum sollte das Baby nicht in den Bauch gemalt werden? Klar, daß es in Mamas Bauch nicht sichtbar ist, aber alle wissen ja, daß es drin ist! Warum soll das ganze große Blatt bemalt sein, wenn der Junge in der Ecke sich so klein fühlt angesichts der Größe der Welt?

Geschenkte Bilder sind kleine Beziehungsgesten des Kindes. Leicht können solche Angebote übersehen, nachlässig behandelt, negativ bewertet oder falsch gedeutet werden. Dies gehört zu der bedrückenden Seite des Kindseins, wenn noch andere ungünstige Faktoren mitspielen. Die Beziehungsfähigkeit kann darunter leiden.

Für die Pädagogik hat das freie, spontane Malen und die Entwicklung von Phantasie und Vorstellungskraft eine nicht zu unterschätzende Bedeutung. Dies gilt für Problemkinder ebenso wie für seelisch gut entwickelte Kinder.

An das Wesen der Dinge im Bild werden wir uns nun im folgenden Kapitel auf verschiedenen Wegen herantasten. Manches wird als Geheimnis verborgen bleiben. Anderes wird sich aufschlüsseln und informieren über Entwicklungsschritte oder Entwicklungsblockaden, über Lebensumstände, Konfliktsituationen, Bedrohungen, Ängste, aber auch über die kreativen Verarbeitungs- und Selbstheilungskräfte, die im gestalterischen Tun frei werden.

Kinder setzen Zeichen

Zwölf Bilder-Geschichten

»Spontane Bilder sind wie eine Landkarte,
die die ›innere Landschaft‹ abbilden.
Zum einen sind die Hindernisse eingezeichnet,
die bearbeitet werden müssen,
zum anderen
die Ressourcen und die gangbaren Wege.«

Gertraud Schottenloher

In meiner pädagogischen, musisch-kreativen und beratenden Arbeit begegnen mir immer wieder spontan gemalte Bilder. Eine kleine Auswahl möchte ich hier vorstellen. Es sind Zeichnungen, die meine Aufmerksamkeit erregten, die mich beschäftigten, mich fesselten – Bilder, hinter denen ich eine Mitteilung, eine Botschaft vermutete; Botschaften, die sich ihren Weg bahnten aus den Tiefen des Unbewußten, Aussagen, für die es momentan möglicherweise keine Worte gab, Hilferufe, die verbal vielleicht bisher überhört worden waren.

Auf den ersten Blick sind es Zeichnungen, wie wir sie alle kennen, also keine »besonderen Werke«. Jedes Bild beinhaltet jedoch bei näherer Beschäftigung eine »Geschichte«, einen Hintergrund, der uns besser verstehen läßt, *warum* dieses Blatt gerade *jetzt* und *in dieser Form* gestaltet wurde.

Spontane Konfliktbilder

Um Verarbeitungs- und Bewältigungsstrategien geht es in den folgenden vier Beispielen.

Ina: »Wenn die Wolken weinen…«

Drei siebenjährige Mädchen sitzen in einer Gastwirtschaft am Tisch und malen Pferdebilder, um die Zeit zu überbrücken, bis das Essen serviert wird. Ina beginnt sehr konzentriert mit Kopf und Körper. Beim halbfertigen Pferd hält sie plötzlich inne und dreht das Zeichenblatt um. Auf der Rückseite beginnt sie noch einmal. Wieder entsteht ein Pferd, diesmal mit Reiterin, Pferdeanhänger am Auto, Turnierplatz; zum Schluß folgen Wolken und Sonne. Die Wolke in der Mitte erhält ein Gesicht mit lachendem Mund, der dann allerdings »verbessert« wird zu einem traurigen, und aus den Augen fließen Tränen – die sommerlich freundliche Wolke verwandelt sich in eine Regenwolke. Eine Regenwand erscheint im Zentrum des Bildes und teilt es in zwei Teile. Ina legt ihr fertiges Bild beiseite (siehe Bild Seite 74). Sie wirkt erschöpft.

Schon beim Malen ihres ersten Pferdes bin ich beeindruckt von der differenzierten Ausgestaltung des Tieres und sehr verwundert, daß sie halbfertig aufhört zu malen, um auf der Rückseite des Blattes noch einmal zu beginnen. Als ich sie darauf anspreche, erwidert sie, das eine Hinterbein sei ihr nicht gelungen, es sähe komisch aus. Mir fällt beim ersten Pferd auf, daß Ina am Hinterbein mehrmals den Malstrich unterbrochen und den feinen Faserschreiber neu angesetzt hat. Das zweite Pferd weist eine verdickte »Hinterhand« auf. »Bei Verletzungen sind die Beine auch manchmal so geschwollen«, erinnere ich mich aus meiner »Pferdezeit«. Daraufhin erzählt Ina von »Dunka«, einem Pferd, das im Sommer von einem anderen so getreten wurde, daß es nicht mehr gerettet werden konnte. Sein Hin-

terbein war kompliziert gebrochen. Dieses Pferd habe ihre Mutter einge-
ritten. Es sei schon auf zwei Turnieren »gegangen« und ein »Superpferd«
gewesen.

Zusammen schauen wir uns später noch einmal die beiden Bilder an, und
Ina bemerkt, daß ihr zweites Pferd wie Dunka aussieht, genauso braun.
Die »Tränen« der Wolke berühren fast den verletzten Teil des Tieres. Beim
ersten Pferd hatte Ina beschlossen, mit dem Malen aufzuhören, kurz
nachdem sie den Körperteil gestaltet hatte, an dem ihre Lieblingsstute
verletzt worden war. Angesprochen auf die Personen im Bild auf der
Rückseite des Zeichenblattes, antwortet sie: »Die Reiterin ist nicht die Frau,
der das Pferd gehört, die ist ja nicht blond wie ich!«
Sie überlegt eine kleine Weile: »Ich könnte da im Auto sitzen und ein Buch
lesen.« Zuvor jedoch sagt sie, das im Auto sei jemand, der sich nicht so
für Pferde und für das Turnier interessiere. Zum Schluß meint sie: »Am
liebsten bin ich das Mädchen dort in der Ecke, das dem Turnier zuschaut
und ›Bravo‹ ruft!«

Dieses Beispiel handelt von der großen Trauer einer Pferdefreundin um ihr Lieblingstier. Das umgedrehte Zeichenblatt mit dem halbfertigen Pferd weist darauf hin, daß Ina unbewußt vermeidet, an das erinnert zu werden, was passiert ist. Sie weicht dem Konflikt aus. Was zur Verarbeitung drängt, bahnt sich jedoch trotzdem seinen Weg! Ina bringt sich selbst anfangs abgewandt ins Bild, so als möchte sie das schreckliche Geschehen erstmal nicht sehen, nicht wahrnehmen, nicht wahrhaben. Statt dessen setzt sie sich lesend ins Auto.

Ihre Freude am Reitturnier entspricht in ihrer Zeichnung dem »Bravo« rufenden Kind am linken Bildrand. Der Situation entsprechend erscheint jedoch dieser Ausdruck von Freude erheblich eingeschränkt; er hat wenig Raum. Die zuvor freundliche Wolke wird zur Regenwolke, die mit ihrem tränenreichen Naß auf die todbringende Verletzung weist.

Ina hat ein für sie schwer zu verarbeitendes Erlebnis wiederbelebt, bildlich in Szene gesetzt und sich unbewußt mit ihrem Schmerz über den Tod des Tieres auseinandergesetzt. Sie ist nach dem Malen so erschöpft, daß sie neben den beiden anderen malenden Mädchen am Tisch beinahe einschläft. Ihr Bild hat sie mir zum Schluß geschenkt.

Janas Wunsch, die Eltern aneinander zu binden

Während eines Ferienprogramms für Stadtkinder fand sich eine Gruppe von sechs- bis zehnjährigen Buben und Mädchen auf unserem ehemaligen Burggelände zusammen, um sich im alten Pferdestall in das märchenhafte Reich der Schloßgeschichten entführen zu lassen und bei schönem Wetter im Hofraum eigene Burgen und Schlösser zu gestalten.

Eine Märchenerzählerin stimmte die Kinder mit einem russischen Märchen ein. Es entstand trotz Stechmücken, die uns dabei umschwirrten, eine geheimnisumwitterte Atmosphäre. Die Kinder machten sich ans Werk. Verschiedenste Farben, Malgründe und Papierformate standen ebenso zur Verfügung wie Stoffreste, Schachteln, leere Papierrollen, Holzabfälle und Klebematerial; es konnte auch einfach nur gespielt und experimentiert werden mit den vorhandenen, übers Jahr gesammelten Werkstoffen und Naturmaterialien.

Differenzierte, schöngestaltete Burgen entstanden, Formen lösten sich zum Teil auf. Es wurde experimentiert, gespritzt, überklebt, Farbe kam ins Fließen. Die Kinder gaben ihren individuellen Phantasiegeschichten gestalterisch Raum.

Auf blauem Tonpapieruntergrund entstand bei Jana ein Berg, auf dem eine weibliche Figur stand und rief. Einsam sah sie aus, so allein da oben, die Arme ausgestreckt, wie um Hilfe flehend.

Kurz darauf änderte sich der Ausdruck des Bildes. Vögel tauchten auf und gehorchten den Anweisungen der »Königin der Lüfte«. Unter Janas Regie entstand eine differenzierte Collage aus verschiedenen Materialien und gab nun eine Passage aus dem erzählten Märchen wieder. Später, als alle Kinder fertig waren und sich im Garten zu einer Brotzeit trafen, sprang Jana plötzlich auf, rannte mit dem Ausruf, sie hätte etwas Wichtiges vergessen, zum »Malstall«. Wenige Minuten später erschien sie wieder – zufrieden und entspannt. Nach der kleinen Imbiß-Pause legten wir die fertigen und zum Teil noch feuchten Werke zum Trocknen auf den leeren Ladewagen. Ein neues Bild war dazugekommen. Es war das von Jana schnell in der Pause noch gemalte. Sie hatte großformatig zwei relativ undifferenziert wirkende Bäume zu Papier gebracht; diese standen rechts und links im Bild und waren verbunden mit einer schwarzen, kräftig gemalten »Hängematte«, welche die Bäume mehrfach umwickelt zusammenhielt. Da hatten es zwei Objekte offensichtlich nötig, fest miteinander verbunden zu werden. Ich kannte Jana und ihre Lebenssituation nicht, deshalb war ich auf Vermutungen angewiesen.

Die Kinder überließen mir alle ihre Gemälde und gestalterischen Produkte, um sie für die Ausstellung zum Abschluß des Ferienprogramms zur Verfügung zu stellen. Als Jana mit ihrer Mutter ein halbes Jahr später kam, um die Bilder abzuholen, war ihre erste Frage, ob ich denn ihr Hängemattenbild auch aufbewahrt hätte. Schon ihr erstes Bild, die Collage, hatte bei mir einen bleibenden Eindruck hinterlassen. Das Gefühl, da rufe jemand um Hilfe, legte sich aber schnell wieder, nachdem mir bei der Malaktion aufgefallen war, daß Jana das Thema »Herrin der Lüfte« aus dem Märchen wählte, um es zu gestalten. Besonders augenfällig schien dabei ihr Wunsch, Einfluß nehmen zu können. Sie verwendete dafür viel Zeit und Konzentration. Helfer wurden eingesetzt, die sich aktiv des Problems annahmen. Der anfänglich hilfesuchende Eindruck im Bild verwandelte sich im Verlauf der Gestaltung. Hier nahm das Mädchen mit Unterstützung einer weiblichen Märchengestalt, die über magische Kräfte verfügte, die Situation tätig in die Hand und aktivierte ein Heer von Vögeln, um den Helden der Geschichte beim Suchen des Weges zur verloren gewähnten Prinzessin zu unterstützen! Es schien, als habe die Auseinandersetzung mit diesem Thema in Jana etwas Aktuelles in Bewegung gesetzt, das sich nun seinen Weg ins Bild bahnte. Die zweite Zeichnung, in Windeseile fertiggestellt, zeigte in einfachen Symbolen sehr direkt, was dieses Mädchen bewegte.

Dabei wird eine interessante Bewältigungsstrategie deutlich. Zur Erinnerung: Damals wirkte Jana nach ihrer Rückkehr vom Atelier gelöst und entspannt. Ihr eigenes Thema war, angeregt durch die Bearbeitung einer Märchenszene, durchgebrochen und suchte auf der Bildebene nach einer entlastenden Lösung. Diese schien im zweiten Bild gefunden. Ihre spontane Aussage: »Ich hab' noch was Wichtiges vergessen!«, das sofortige gestalterische Umsetzen des Impulses sowie die Frage nach genau diesem, äußerlich eher undifferenziert wirkenden Bild ein halbes Jahr später zeigte, welch wesentliche Bedeutung diese zweite Zeichnung für sie hatte. Kurz darauf erfuhr ich durch die beiläufige Bemerkung einer Bekannten, daß die Beziehung der Eltern zu der Zeit, in der Jana ihre Bilder gestaltet hatte, in einer Krise steckte. Offensichtlich hatten sich die Eltern emotional voneinander entfernt und fanden zum damaligen Zeitpunkt keinen Weg zueinander. Aufgrund des Hängemattenbildes kann vermutet werden, daß in dieser Zeit eine Trennung erwogen wurde.

Ich denke jedoch, es ist oft gar nicht nötig, ein Bild zu interpretieren oder seinen Inhalt unmittelbar zu verstehen. Wichtig ist, daß Kindern wie Jana Gelegenheit gegeben wird, »ihre Themen« zu gestalten, auch wenn sie nicht in unser momentanes Konzept passsen. Wie entlastend, befreiend, entspannend es sein kann, einem solchem Impuls nachzugeben, zeigte das Mädchen mit ihrem gelösten Ausdruck nach ihrer letzten Malsequenz.

Leider sind beide Bilder einer »Entrümpelungsaktion« zum Opfer gefallen und deshalb nicht mehr verfügbar.

Florian: »Vertragen wir uns wieder?«

Ausgelöst durch eine Lesebuch-Geschichte aus der zweiten Grundschul-klasse gestaltete Florian ein Bild, das er gleich nach der Fertigstellung seiner Mutter schenkte. Die Zeichnung wurde von ihr auf leuchtend-rotes Papier (!) kopiert und dem Vater zugeschickt, damit auch dieser ein Exemplar erhielt.

Hintergrund dieser Zeichnung bildeten die vielen unfruchtbaren Streitge-spräche, welche von den Eltern in der Vergangenheit miteinander geführt wurden. Eine Trennung war unvermeidlich.
Im Bild finden sich beide Eltern bei einer Tasse Kaffee an einem Tisch in

ein Gespräch vertieft. Sie strecken sich die Hände entgegen und lächeln sich an. *Eine* der beiden Personen schlägt vor, sich wieder zu vertragen. Florians Mutter gab auch mir eine Kopie dieser Zeichnung. Sie sah in den ausgestreckten Händen eine Versöhnungsgeste, die ihr Bemühen symbolisierte, trotz der Trennung einen freundschaftlichen Kontakt zu Florians Vater aufzubauen, um für ihren Sohn die Situation zu erleichtern.

Meine damals siebenjährige Tochter interessierte sich für Florians Zeichnung und die Umstände ihres Entstehens. Sie ist seit einigen Jahren mit diesem Jungen befreundet. Etwa ein halbes Jahr nach Erhalt des Bildes verschwand sie wortlos vom Tisch, als ich mich mit meinem Mann in eine heftige Auseinandersetzung verstrickte. Sie verzog sich ins Wohnzimmer. Nach geraumer Zeit erschien sie wieder und legte mit einem auffordernden Blick ein Bild auf meinen Platz. Es ähnelte Florians Zeichnung, war jedoch ausgeschmückt mit einem früchtetragenden Baum neben dem durchsich-

tigen Haus und einer beleuchteten Früchteschale auf dem Tisch. Hier drücken *beide* Personen auch verbal und mit Nachdruck (jede Spechblase wurde doppelt beschriftet!) ihren Willen aus, sich wieder zu vertragen. Sara wußte zum Zeitpunkt des Malens noch nicht, welchen Verlauf unser Streitgespräch nehmen würde, das versöhnliche Handeln stand beim Malen des Bildes noch aus. Entsprechend sind auch die Hände nicht eingezeichnet, die Arme liegen kaum sichtbar eng am Körper (siehe Bild Umschlagvorderseite). Die Botschaft des Bildes war jedoch eindeutig und bedurfte keiner weiteren Interpretation.

Ihre Form der Anteilnahme entschärfte spontan die Dynamik unserer Auseinandersetzung, die aufgrund des Bildes eine andere Richtung nehmen konnte. Das Kind hatte ein Zeichen gesetzt. Wir verstanden!

Sara: Todesfahrt oder Ritt ins Leben?

Ein Ereignis erschütterte mich. Zufällig erfuhr ich davon durch die Mutter der neu zugezogenen Freundin meiner Tochter. Sie führte mich durch die vor kurzem bezogenen Räume des alten Bauernhauses, das sie jetzt mit ihrer Familie bewohnte. Dabei zeigte sie mir auch das Zimmer eines jungen Mannes aus Südamerika, der vor einem Jahr ein landwirtschaftliches Praktikum auf dem Hof absolviert hatte. Damals lernten wir José bei einer Einladung bei den Bauern in der Nachbarschaft kennen. Der Siebzehnjährige wirkte auf den ersten Blick vital, aufgeschlossen und lebenslustig. Wir unterhielten uns mit ihm über seine Heimat, seine beruflichen Perspektiven, sein Leben und das seiner Familie zwischen den Kulturen und sprachen über seine Zukunftspläne und -wünsche. Sara spielte Fußball mit ihm. Ein netter, unverbindliche Kontakt war zu dem Jugendlichen entstanden. Bald nach Beendigung seines Praktikums kehrte er in sein Heimatland zurück.

Nun erfuhr ich bei besagter Hausbesichtigung, daß José sich in seiner Heimat das Leben genommen hatte. Sein ehemaliges Zimmer im Bauernhaus war unberührt, so wie er es bei seinem Auszug hinterlassen hatte. An der Wand hing ein zurückgelassenes, selbstgemaltes Bild, das mich berührte. Niemand schien sich bisher dafür zu interessieren. Ich bat darum, es mitnehmen zu dürfen.

Im Gegensatz zu dem in meiner Erinnerung Lebensfreude ausstrahlenden José wirkte sein Bild trotz der bunten Farbauswahl starr und unlebendig auf mich: klar voneinander abgegrenzte Wiesen, Felder, Bäume, ein See, ein sich perspektivisch verengender Weg mit einem einsam wirkenden Gespann (siehe Bild Seite 82). Der Bildaufbau schien sorgfältig und bewußt geplant, die inhaltliche Aufteilung des Bildes rigide, die Formen stereotyp.

Di Leo vertritt die Ansicht, daß rigide und stereotype Figuren häufig in Zeichnungen von introvertierten Jugendlichen und Erwachsenen vorkommen und als eine Projektion der Abwehr gegenüber einer als bedrohlich oder überwältigend wahrgenommenen Umwelt verstanden werden können.

Auffällig schien mir die Aufteilung des Bildes: Auf der rechten Bildhälfte finden wir einen mit Schling- und Wasserpflanzen bewachsenen See. Er könnte das »Unbewußte« verkörpern mit seelisch tief verwurzelten und verborgenen Verschlingungen und Verwachsungen. Diese Gewächse sind nur bei genauer Betrachtung erkennbar. Die Straße führt allmählich sich verengend von der linken unteren Bildseite zum linken oberen Bildteil und endet dort hinter den Bäumen.

Auf dieser Straße befindet sich ein Gefährt, gezogen von einem müde wirkenden Zugtier. Auf dem Kutschbock ist eine in sich zusammengesunkene, gespenstisch wirkende Gestalt zu erkennen. Sie läßt die Zügel hängen und sich in eine vorgezeichnete Richtung ziehen, die sich im linken oberen Bildbereich zu verlieren scheint.

Sara beschäftigte sich gedanklich immer wieder mit den Umständen von Josés Tod, über die ich momentan keine Einzelheiten in Erfahrung hatte bringen können.

Einige Tage nach der traurigen Nachricht bat mich Sara um das Bild von José. Es gefiele ihr »irgendwie«, und sie wolle jetzt auch so eines malen! Sie begann mit der Reproduktion der Bäume, die zwar dieselbe Form aufwiesen, allerdings nicht so kompakt ausfielen – ihre wirkten lichter, heller. Der See war der nächste Teil, den sie in Angriff nahm. Er rutschte auf ihrem Papier etwas tiefer, so daß im oberen Bildteil Platz frei blieb.

Ab diesem Zeitpunkt gestaltete sie ihr eigenes Thema: Auf den noch ungestalteten Bildteil über dem See plazierte sie ein Pferd mit stolz erhobenem Kopf, von ihr geritten am »stehenden« Zügel. Es wird in eine zukunftsorientierte Richtung gelenkt (Bewegungsrichtung nach rechts). Der Weg Josés, der sich hinter den Bäumen verliert, wird in Saras Darstellung nicht gebraucht. Statt dessen bewegen sich Pferd und Reiter in einer freien Graslandschaft. Die bei José starr abgegrenzten Felder wirken bei ihr aufgelockert.

»Ich mal' das Bild *so*!«, bestimmte Sara während ihrer Malaktion. Sie hat sich auf der Bildebene mit der sie bewegenden Nachricht auseinandergesetzt. Gestaltend bahnt sie sich ihren Weg in die Zukunft, getragen von einem vitalen Pferd, dessen Zügel sie in der Hand hält. Sie gibt die Richtung an! Die Siebenjährige schafft sich im Bild eine Umgebung, in der es orientierende Strukturen gibt ohne starre Begrenzungen, in der die Möglichkeiten offen sind, eine Richtung zu wählen.

Das Kind überläßt nicht dem Pferd die Zügel und läßt sich auch nicht passiv auf einem vorgezeichneten Weg im Wagen ziehen. Es kann sich, hoch zu Roß fest im Sattel sitzend, jeden auch nicht vorhandenen Weg wählen; als Reiterin ist Sara unabgängig von vorgezeichneten Pfaden. Im Wählen einer anderen Lösung versucht sie, auf der Bildebene ihre Ohnmacht in dieser Situation aktiv umzuwandeln. Auf diese Weise scheint sie ihre Trauer über Josés Tod zu verarbeiten.

Erst Monate später erfuhr ich, daß Josés Familiengeschichte überschattet war durch den Suizid seines Großvaters mütterlicherseits, dessen Frau unmittelbar davor einer vermutlich politisch motivierten Tat zum Opfer gefallen war. Die genauen Umstände blieben bis heute ungeklärt. Nach dem Motto »Wasser der Vergangenheit rührt kein Rad« wurde unter den Geschwistern, in der Verwandtschaft der Familie, Kindern und Enkeln gegenüber über dieses Ereignis geschwiegen.

Seine in Deutschland lebende Mutter erzählte mir vor kurzem, daß sich José schon als Kind und als Jugendlicher immer wieder furchtlos in lebensbedrohliche Situationen gebracht habe. Auch habe er früh gespürt, daß es in ihrer Vergangenheit »dunkle Flecken« gab. Er wollte unbedingt genaueres wissen. Erst zwölfjährig wurde José in die Fakten eingeweiht. Schon damals äußerte er sich über eigene suizidale Gedanken, die er in der Folgezeit mehrmals in die Tat umzusetzen versucht hatte. Zurückgekehrt in seine Heimat, suchte er als Achtzehnjähriger auf Anraten seiner Mutter Hilfe bei einem therapeutisch arbeitenden Verwandten aufgrund schwerer depressiver Verstimmungen.

Beim Übertritt ins Erwachsenenalter waren seine Lebensverhältnisse unklar, seine Familie war am Zerbrechen, er litt phasenweise sehr unter seinen depressiven Gedanken. Vermutlich fühlte er sich auch entwurzelt, heimatlos, ohne Rückhalt und zwischen den Welten. Zurückgekeht an den Platz seiner Kindheit und seiner Vorfahren, führte er den schon lange gehegten Plan durch und nahm sich das Leben.

84

Drei Kinder mit »besonderen Bedürfnissen«

Fünf Jahre lang bot ich als freie Mitarbeiterin an einer privaten Musikschule »Musik, Tanzen und Gestalten« für Kinder im vorschulischen Alter an. Da ich in dieser Institution mit einer Gruppengröße von acht bis zehn Kindern arbeiten konnte, war es mir möglich, unter Umständen auch ein bis zwei Kinder mit »besonderen Bedürfnissen« aufzunehmen. Die Musikschule ließ mir in der inhaltlichen und organisatorischen Gestaltung meiner Arbeit freie Hand. Unter diesen Voraussetzungen bot sich mir die Möglichkeit, ein an der Praxis orientiertes Konzept zu erarbeiten, mit dessen Hilfe ich auch sogenannte schwierige oder auffällige Kinder versuchen konnte zu integrieren. Neben der an Orff angelehnten musikpädagogischen Arbeit bildete das gestalterische Moment zur Vertiefung der jeweiligen Themen einen wichtigen Schwerpunkt.

Drei Beispiele aus dieser Arbeit möchte ich vorstellen, in denen nicht nur die gestalterische »Inszenierung«, sondern auch das »In-Szene-Setzen« bestimmter Probleme durch das Verhalten der Kinder deutlich wird.

Elfis beredtes Schweigen

Elfi war viereinhalb Jahre alt, als ich sie in einer meiner Mal- und Musikgruppen kennenlernte. Sie sprach und lachte nicht. In ihren Bewegungen wirkte sie scheu und anmutig, sie war immer adrett gekleidet und versteckte ihr Gesicht hinter ihrem langen blonden Haar. Auf Elfis Sprachlosigkeit angesprochen, erklärte ihre Mutter, ihre Tochter sei ziemlich scheu; sie könne zwar sprechen, würde dies jedoch ausschließlich zu Hause tun. Tatsächlich redete Elfi ein Jahr lang weder mit mir noch mit Kindern der Gruppe. Sie kam regelmäßig und nach Aussage ihrer Mutter gerne, fehlte nie, aber kein einziges, gesprochenes Wort kam über ihre Lippen.

Die Kinder brachten alle eine Mappe mit, in der sie ihre Bilder aufbewahrten, die nach Geschichten und Musik- beziehungsweise Bewegungsspielen entstanden und zur Vertiefung des Erlebten dienten. Elfi malte mit großer Sorgfalt, zeigte ihre Werke aber ungern. Erst nach einigen Monaten hielt sie mir ihre Produkte wortlos und körperlich abgewandt entgegen. Dies waren ihre ersten zaghaften Annäherungsversuche!

Bei den meisten musikalischen Gruppen-, Partner- und Einzelaktionen beteiligte sich Elfi, vorausgesetzt, sie mußte dabei nicht sprechen und kam nicht als erste dran.

Anfangs versuchten einzelne Kinder und auch ich auf verschiedene Art und Weise, verbal oder mit Blicken Kontakt mit ihr aufzunehmen – ohne Erfolg. Elfi blieb stumm, schaute weg und wurde nach anfänglicher Verunsicherung auch so akzeptiert. Ihre scheue, zurückhaltende, ernste Ausstrahlung wirkte mit der Zeit anziehend auf die Kinder. Inzwischen wurde sie gerne als Partnerin gewählt. Ihre unaufdringliche, ruhige Art brachte ihr Sympathien ein. Gerade das schwierigste Kind der Gruppe, ein Junge namens Manuel, über den ich anschließend berichte, hielt sich nach einigen Monaten besonders gerne in ihrer Nähe auf. Gegen seine anfänglich stürmischen Annäherungsversuche, die verletzend sein konnten, mußte ich sie öfters schützen. Bald jedoch wehrte sich Elfi selbst – notfalls auch körperlich – und vermittelte Manuel wortlos und bald auch mit unmißverständlichen Blicken ihre Grenzen und Bedürfnisse. Manuel schaffte es, sie aus der »Reserve« zu locken. Mit ihm zusammen sah ich sie das erste Mal lächeln. Wir spielten gerade unter wechselnden Dirigenten mit unseren selbstgebauten Musikinstrumenten (Tröten, Rasseln, Klappern) »Panik-Orchester« nach gemalter Musik. Immer wieder brach unter großem Gelächter das musikalische Chaos aus; Manuel konnte beim Spielen seine Motorik nicht mehr unter Kontrolle halten, er »flippte völlig aus« – sehr zum Ergötzen von Elfi, die ihre Freude vergeblich hinter ihrem langen Haar zu verstecken suchte. Von nun an sah ich sie öfters verschämt lächeln, dabei wandte sie sich aber immer noch ab, so als ob niemand ihre sich zeigende Lebensfreude sehen durfte.

Etwa nach einem halben Jahr bemerkte ich, daß Elfi plötzlich mitsang. Zuerst sah ich nur ganz zaghafte Mundbewegungen hinter ihren Haaren, die durch den gesenkten Kopf ins Gesicht fielen. Dann hörte ich, daß Elfi ein »Brummer« war – tiefe, gleichbleibend gebrummte Töne begleiteten den Text. Hatte sie vielleicht deshalb Probleme, sich zu äußern? Ich war begeistert über diese ersten lautlichen Äußerungen und verlieh meiner Freude vorsichtig Ausdruck. Von nun an sang Elfi immer mit, sie lernte die Texte schnell und sicher; an ihrem Brummen störte sich erstaunlicherweise kein Kind, es wurde als selbstverständlich hingenommen. Elfis

Stärken lagen im Gestalterischen und im instrumentellen und rhythmischen Spiel. Jetzt nahm sie auch gelegentlich vorsichtigen Blickkontakt zu mir auf, den ich gern erwiderte.

In dieser Gruppe lernte ich mit den Kindern viele Sing- und Tanzspiele mit Schlag- und Klanginstrumentenbegleitung. Elfi wurde sprachlos zum kooperativen Gruppenmitglied. Sie hatte zum Beispiel keine Schwierigkeiten, auf ein gewähltes Orff-Instrument zu verzichten, teilte ihre mitgebrachten Stifte und Farben bereitwillig mit anderen Kindern und entwickelte eine enorme Fähigkeit, wortlos mitzuteilen, was ihr wert und wichtig und wo ihre Grenze war. In der letzten Stunde des ersten Musikschuljahres kam Elfi spontan auf mich zu, reichte mir eine Zeichnung und sagte: »Für dich!« mit tiefer, belegter Stimme. Zwei Worte und ein Bild – die Sprachlosigkeit eines ganzen Jahres waren wettgemacht! Der Damm war gebrochen. Elfis Zeichnung, die sie mir zum Abschied vor den großen Ferien schenkte, zeigt ein Bild im Bild (siehe Bild Seite 87).

Im Mittelpunkt steht sie lachend in einem Bilderrahmen mit einer siebenblütigen, bunten Blume mit Schleife in der Hand, umrahmt von sieben großen verschiedenfarbigen Herzen – außer ihr nahmen sieben Kinder an der Gruppe teil! Der Blumenstrauß war im Begriff, über den Bilderrahmen hinauszuwachsen! Symbolisch zeigte sie mir, daß eine herzliche Bindung zur Gruppe gewachsen war. Fünf größer werdende Herzen (Elfi war fünf Jahre alt!), gestaltet in der gleichen roten Farbe wie mein geschriebener Name, befanden sich genau zwischen diesem und ihrer Figur. Dies deutete wohl auf die gewachsene Beziehung zwischen uns beiden hin. Der aus dem engen Rahmen hinauswachsende Blumenstrauß symbolisierte meiner Ansicht nach Entfaltung und Wachstum – beides war für Elfi im Rahmen der Gruppe möglich geworden. Auch war sie mit Hilfe dieser Zeichnung über ihre Sprachlosigkeit hinausgewachsen.

Im folgenden Musikschuljahr nahm Elfi wieder an der Gruppe teil, diesmal auch sprachlich, jedoch in gewohnt zurückhaltender Weise. Trotz ihrer verbalen Scheu konnte sie schon im ersten Jahr gut in die Gruppe integriert werden, da viele Interaktionen auf nonverbaler Ebene über die Sprache der Musik und des Bildes möglich gewesen waren. Sie hatte ein Jahr gebraucht, um soviel Vertrauen zu gewinnen, daß sie sich jetzt auch verbal mitteilen konnte. Obwohl Elfi über zwei Jahre an der fortlaufenden Gruppe teilnahm, konnte ich nur Vermutungen anstellen über die Hintergründe ihres gehemmten Sprechverhaltens. Mit ihrer still und zurückhaltend wirkenden Mutter schien Elfi eine enge und liebevolle Beziehung zu verbinden, wie ich es in den Bring- und Abholsituationen zu spüren glaubte. Vielleicht hatte Elfi gerade als Erstgeborene eine besonders innige Beziehung auf der vorsprachlichen Ebene zu ihrer Mutter entwickeln können, bevor in kurzer Folge hintereinander ihre beiden Geschwister zur Welt kamen? Ich vermutete, daß Elfi gerade diese frühe Erfahrung jetzt noch einmal im Schutze der Kindergruppe und mit mir in Szene setzte, um früh Erlebtes wiederzubeleben, zu überwinden und in neuem Zusammenhang und Umfeld zu erproben.

In der Reflexion meiner eigenen Gefühle konnte ich Elfi nach einer anfänglich kurzen Irritation gut so annehmen, wie sie sich zeigte, ohne den Anspruch zu verspüren, sie zum Blickkontakt oder zum Sprechen bewegen zu müssen. Schweigend vermittelte sie mir: »Ich bin gerne hier, laß mir bitte Zeit!«

Elfi strahlte ein erstaunliches Vertrauen aus, das ihr trotz der Sprachbarriere ermöglichte, über nonverbale Wege emotional eingebunden zu werden in ein musikalisches und gestalterisches Interaktionsgeschehen.

Auch die Kindergruppe reagierte wie selbstverständlich auf Elfis Sprachlosigkeit, nahm ihre Mitteilungen über bestimmte Körperhaltungen, Bewegungen und musikalische Interaktionen mit der Zeit sehr differenziert wahr und übersetzte diese zum Teil ins Verbale.

Daß Elfi zum Ende des ersten Jahres mit Hilfe eines Bildes anfing, mit mir zu sprechen, und gerne das zweite Musikschuljahr besuchte, zeigte mir, daß ich auf dem richtigen Weg war. Gerne hätte ich mehr aus Elfis Leben erfahren, um die Hintergründe ihres Verhaltens besser verstehen zu können. Jedoch wurden mir hier die Grenzen meiner mal- und musikpädagogischen Arbeit innerhalb der Musikschule deutlich: Kontinuierliche Elterngespräche gehörten bei dieser Arbeit nicht zum integrativen Bestandteil und waren nur insofern möglich, als die Eltern sich auf einen Kontakt zwischen Tür und Angel mit mir einlassen wollten oder das Bedürfnis nach vertiefenden Gesprächen signalisierten. Mit Elfis Eltern fand auf dieser Ebene kein Austausch statt.

Später erfuhr ich, daß sie trotz ihrer Hemmungen eine gute grundschulische Entwicklung durchlaufen hat und jetzt kurz vor dem Übertritt ins Gymnasium steht.

Manuels schwarze Mauern

Zu Elfis Gruppe gehörte auch Manuel. Er kam drei Wochen später aus den Ferien. Eigentlich sollte er schon die Schule besuchen, er war sechseinhalb Jahre alt, wurde aber auf Grund seines auffälligen Verhaltens zurückgestellt.

Glücklicherweise kannten sich die Kinder der Gruppe schon etwas, waren vertraut miteinander, als Manuel die Gruppe »stürmte«. Kaum war er zur Tür hereingekommen – wir saßen bereits im Stuhlkreis –, stürzte er sich mit Zähnen und Klauen fauchend und beißend auf mich. Ein wildes Raubtier!

Die Kinder saßen starr vor Schreck im Kreis, die Mutter stand vorwurfsvoll ermahnend und hilflos überfordert in der Tür, ein weinendes Baby auf dem Arm und ein quengelndes Kleinkind an der Hand. Sie versuchte erfolglos zu intervenieren. Um die Situation zu entschärfen, bat ich sie zu gehen.

Manuel wirkte auf mich ziemlich verstört. Seine Haare standen ihm wirr vom Kopf ab. Er hatte einen wachsamen, angriffslustigen Blick. Bei seinen

Attacken zeigte er ein freudloses, hämisches Lachen. Ich sah meine einzige Chance, die Situation zu retten, darin, sein Raubtierspiel aufzunehmen. Flugs »verwandelte« ich alle Kinder in ungezähmte Wildtiere, die sich mit Urwaldtrommelmusik im großen Musiksaal bewegten und imaginär gefährliche Abenteuer erlebten. Der Schrecken in der Gruppe löste sich! Alle zeigten ihre Zähne und Krallen, fauchten, brüllten oder schlichen drohend zur Trommel, welche die Bewegungen der einzelnen Kinder unterstützte. Manuel griff unterdessen auch einzelne Kinder an. Er reagierte weder auf Zurechtweisen noch auf nachhaltiges Bitten, sich zu mäßigen. Um die Situation in ungefählichere Bahnen zu lenken, versuchte ich die Kinder in Zirkustiere zu verzaubern – gezähmt und dressiert! Stolz wurden jetzt Zirkusnummern vorgeführt. Manuel blieb wild und unbezähmbar, zeigte aber immerhin doch das eine oder andere Kunststück. Für seine tätlichen Übergriffe hatte er sich jetzt, nachdem ich für ihn als Zirkusdirektor eindeutig »Autorität« angenommen hatte, glücklicherweise ganz und gar mich auserkoren. Fortwährend versuchte er, mich zu attackieren. Wenigstens um das Wohlergehen der anderen Kinder brauchte ich mir momentan keine Sorgen zu machen!

Als wir wieder in unseren Stuhlkreis zurückgekehrt waren – Manuels Stuhl stand neben dem meinen –, wurden seine Übergriffe noch vehementer.

Ich versuchte mich als Dompteur und als Raubtierfänger, fragte die anderen Kinder, wie wir diesen wilden Tiger, den er darstellen wollte, wohl bändigen könnten. Vorerst jedoch fruchtete keine der Ideen, die es ermöglicht hätte, einen ruhigeren Kontakt zu Manuel aufzunehmen.

Erst als ich die Vermutung äußerte, daß es sich bei diesem unbezähmbaren Tier möglicherweise um einen zwar noch sehr kleinen, aber doch schon starken und mutigen Tiger handeln würde, der sich wahrscheinlich noch fremd fühle, kam er plötzlich leise fauchend auf mich zugekrabbelt und lehnte sich an meine Beine. Als ich den Kindern daraufhin erklärte, daß diese kleine Raubkatze möglicherweise beschützt werden möchte, weil sie noch etwas scheu sei, verstanden es alle. Manuel krabbelte nun als Tigerbaby auf meinen Schoß, fauchte und krallte zart und entspannte sich endlich in dieser Haltung.

Im folgenden entstanden Dschungel- und Zirkusbilder, nur Manuel wollte nicht malen – er blieb noch »Tigerbaby«. Zu Beginn dieser ersten Stunde mit Manuel war ich mir nicht sicher, ob ich ihn in der Gruppe behalten und ihm helfen könnte, sich zurechtzufinden. Nach der Erfahrung aber, daß er Kontakt aufnehmen und halten konnte – wenn auch vorerst nur als Tierbaby auf einer frükindlichen Entwicklungsstufe –, merkte ich, daß er beziehungsfähig war. Er signalisierte mit seinem Verhalten große Bedürftigkeit nach Nähe und Geborgenheit. In dieser Gruppe von acht ansonsten recht ruhigen und angepaßten Kindern traute ich mir deshalb zu, das Wagnis einzugehen, ihn in der Gruppe zu behalten. In den folgenden Stunden hatte ich also eine kleine Raubkatze entweder auf dem Schoß oder dicht neben mir. Nur so war Manuel am Gruppengeschehen zu beteiligen.

Ab und zu trug ich ihn, setzte ihn »in der Höhle« ab, ließ ihn meine Gitarre bewachen, kleine Musikinstrumente verteilen oder Malmaterialien transportieren. Schwierig wurde es immer, wenn ich mich von ihm wegbewegte, ohne ihn zuvor mit einer wichtigen Aufgabe zu betrauen. Sofort versuchte er, die Gruppenaktion zu zerstören, wurde anderen Kindern gegenüber handgreiflich oder brachte sich selbst in gefährliche Situationen, indem er blitzschnell auf die Fensterbank oder auf wackelig aufgetürmte Stühle kletterte.

Manuel benötigte anfangs aufgrund seiner Schwierigkeiten eine Sonderrolle. Übergangsweise versuchte ich mein Programm so zu gestalten, daß ich mir relativ große Bewegungsfreiheit für ihn einräumte in der Hoffnung, daß es sich bei seinem Verhalten um eine Übergangsphase handeln würde. Trotzdem fühlte ich mich am Anfang völlig überfordert und an der Grenze meiner Belastbarkeit.

Manuel erinnerte mich in seiner unersättlichen Bedürftigkeit immer wieder an einen kleinen Säugling, der sich nur im nahen, körperlichen Kontakt geschützt und sicher fühlen konnte. Außerhalb dieser körperlichen Nähe wirkte er meist »außer sich« und grenzenlos in jeder Hinsicht.

Nach den ersten sechs Gruppenstunden war ein relativ stabiler Kontakt auf der oben beschriebenen Ebene hergestellt. Manuel verließ nun die »Babyphase« zugunsten einer »Trotz- und Ärgerphase«. Ständig produzierte er neue Einfälle und Ideen, wie er die anderen Kinder der Gruppe ärgern oder mich mit seinen gewagten Aktionen in Atem halten konnte. Manuel benötigte meine ununterbrochene Aufmerksamkeit. Es war an der Zeit, mit ihm einen Kontrakt zu schließen. Ich sagte ihm, daß ich mich freue, wenn er komme – was in diesem Moment auch wirklich stimmte trotz unserer Probleme miteinander. Ich würde aber ab heute darauf bestehen, daß kein Kind der Gruppe – auch er selbst nicht – bedroht oder gar verletzt werden dürfe, und ich verlangte seine klare Einwilligung. Manuel gab mir nach kurzem Zögern das Versprechen »in die Hand«. Fortan erschien er schwerbewaffnet entweder als Ritter mit kompletter Rüstung oder als Cowboy beziehungsweise Indianer mit allen dazugehörigen Waffen, ausgestattet für eine eventuelle Verteidigung. Er war jetzt bereit, sich im Schutze seiner Rüstung auf die Gruppe einzulassen. Nach anfänglichem Begutachten, Bewundern und Wertschätzen der schützenden Gegenstände war Manuel bald in der Lage, sie an einem zur Waffenkammer deklarierten Ort im Gruppenraum zu verwahren, weil sie beim Musizieren und Bewegen hinderlich waren.

Am Malen beteiligte sich Manuel vorerst noch nicht. Ich wollte ihn nicht drängen; er sollte die Zeit bekommen, die er brauchte, um zu Pinsel oder Stift zu greifen. Manuel beschäftigte sich in der Mal-Zeit mit Instrumenten, am liebsten mit meiner Gitarre, die ich ihm gerne anvertraute. Ich hatte beobachtet, daß er sie erstaunlich sorgfältig behandelte.

Das erste Mal beteiligte sich Manuel nach etwa einem Vierteljahr an einer

Malaktion zum Thema »Karneval der Tiere«. Wir hatten Saint-Saëns Musik gehört, die Tiere dargestellt und anschließend auf einer großflächig ausgelegten Papierrolle das Gehörte bildlich gestaltet. Esel, Schildkröten, Fische, Schwäne, Schuppentiere, Papageien tanzten auf dem Papier. Manuel hatte sich ans Ende der Papierrolle gesetzt mit einer schwarzen Ölkreide. Er malte eine dick aufgetragene, geschlossene Fläche. »Das ist die Mauer von der Ritterburg«, verkündete er stolz. Im gesprochenen Text waren jedoch keine Burg und auch keine Mauer vorgekommen. Die Kinder reagierten kurzfristig irritiert, bezogen dann aber die Mauer mit ein in ihre Phantasien um die gehörte musikalische Geschichte. Bei Manuel jedoch schien die Musikgeschichte keine Spuren hinterlasssen zu haben, er arbeitete offensichtlich an einem anderen Thema.

Seit dieser Gruppenstunde malte Manuel öfters mit, vorerst jedoch ausschließlich mit schwarzen Farben. Immer häufiger gesellte er sich jetzt zu Elfi, wenn sie vertieft über ihren Zeichnungen saß, und schaute ihr zu. Sie schob ihm ihre Malutensilien zu, er wählte schwarz. Egal, mit welchem Thema sich die übrigen Kinder beschäftigten: Bei ihm entstanden über einen Zeitraum von vielen Wochen trutzige Burgmauern, die das gesamte Papier bedeckten; mit der Zeit aber veränderten sich die Mauern durch Schattierungen, Strukturen, Aufhellungen. Eines Tages bemerkte ich, daß eine schön strukturierte Mauer an einer Seite Risse zu bekommen und abzubröklen schien. Weitere Mauern wirkten brüchig. Auf einem der nächsten Zeichnungen entstand ein richtiger »Mauer-Durchbruch«.

In der Folgezeit erweiterte Manuel seinen Themenkreis und sein Farbenrepertoire: Vor, in oder neben den Mauern entstanden dunkel-blutrünstige Kampfritterszenen. Während dieser Malaktionen sprang Manuel immer wieder auf, schlug um sich und setzte das Gemalte geräuschvoll in Bewegung um, trommelte wie wildgeworden auf den Instrumenten herum und schien auf diese Weise seine Spannungen abzureagieren. Hierbei mußte ich ihn regelmäßig festhalten und ihn selbst, die Kinder in seiner Nähe und die Instrumente vor seinen Ausbrüchen schützen.

In der Zeit der Veränderung auf der Bildebene nahm Manuel sporadisch auch freundlicheren Kontakt zu den anderen Kindern der Gruppe auf. Langsam entwickelte sich eine Freundschaft zu einem ruhigen, aber furchtlosen und pfiffigen vierjährigen Mädchen. Sie verabredeten sich für gegenseitige Besuche. Diese freundschaftliche Verbindung wirkte sich positiv auf die Beziehung der Mütter beider Kinder aus. Die Frauen planten und unternahmen in der Folgezeit ab und an mit ihren Kindern gemeinsame Ausflüge, unterstützten sich gegenseitig beim »Babysitting« und tauschten sich aus in Bezug auf ihre momentanen, schwierigen Lebenssituationen. Zu der am Anfang des Jahres überfordert wirkenden Mutter fand ich in dieser Zeit Kontakt und die Möglichkeit zu offenen Gesprächen. Wir

konnten über Manuels Probleme zu Hause und in der Gruppe reden und gemeinsam über Lösungs- und Veränderungsmöglichkeiten nachdenken. Manuel konnte bis zum Ende des Jahres bei Gruppenspielen nie verlieren, wollte immerfort der Erste sein und brauchte viel Unterstützung, um mit seiner geringen Frustrationstoleranz zurechtzukommen. Jedoch entwickelte er sich im Laufe der Zeit zu einem lebendigen, phantasievollen Gruppenmitglied, das zwar immer wieder Grenzen herausforderte, andererseits aber die ruhigen und zum Teil gehemmten oder überangepaßten Kinder der Gruppe aus der Reserve lockte und mitriß. Damit hatte er eine wichtige Funktion in der Kindergruppe übernommen. Am Ende dieses Jahres wirkte Manuel »aufgeraumter«, »gezähmter«, integrierter, auffällig jetzt öfters im positiven Sinne. Seine »Schwarzmalphase« war längst vorbei. Leider sind aus dieser Zeit keine Bilder mehr verfügbar.

Zum Abschied gestaltete Manuel für mich mit großer Sorgfalt eine Doppelkarte, auf deren Innenseite ein gemaltes Bild mit einem grünen Schiff abgebildet war, welches auf dem Bug einen Schatz in Form eines aufgeklebten Glitzersteins transportierte (siehe Bild Seite 95).

Ich verstand dieses Schiff als ein mütterlich-tragendes Symbol – vielleicht das Gruppenschiff, das so manchen Sturm mit ihm durchlebt und so manche schwierige Klippe umschifft hatte. Auf der anderen Seite der Karte war ich mit einer Sonne im Bauch gestaltet worden, neben mir eine schwarze Trommel und eine schwarze Gitarre (siehe Bild Seite 97, oben).

Diese Person stellt meiner Ansicht nach auch Manuel selbst dar und zeigt, daß er über die Beziehung zu mir und durch die Musik – dargestellt in der Trommel und der Gitarre – einen sonnigen, fröhlichen Anteil integrieren konnte. Dieser Entwicklungsschritt nach vorne, heraus aus der schwarz vermauerten, isolierten Gefühlswelt, half ihm jetzt, den Schritt in eine neue Gruppe, die Schulklasse, zu wagen.

Vielen Dank für die
schönen Unterrichtsstunden

Auf Wiedersehen!

Das ist unsere
ROSE

ich komme in die Schule!

SCHULE

Auf der Rückseite der Doppelkarte hatte er nämlich die Schule in roter Farbe abgebildet, was in meinen Augen darauf hinweist, daß er nun seine Energien auf diesen neuen Lebensabschnitt richten konnte. Auf der Vorderseite war ein bunter, selbständig gewebter Papierstreifenteppich aufgeklebt – für Manuel eine Besonderheit, da er im feinmotorischen Bereich bisher keinerlei Durchhaltevermögen gezeigt hatte (siehe Bild Seite 97, unten). Ein gewebtes, gut strukturiertes Netzwerk war hier in mühevoller Arbeit unter seiner Hand entstanden, für mich ein Zeichen für innerlich und äußerlich gewachsene Strukturen, für Verbindung und Zusammenhalt.

Manuel wurde eingeschult und hatte das Glück, eine einfühlsame und verständnisvolle Lehrerin zu erhalten, die ihn in seinen weiteren Entwicklungsschritten unterstützen, seine Stärken fördern und seine Schwächen akzeptieren konnte.
Die Farbe Schwarz und das Symbol der Mauer spielten in einer bestimmten Phase seines Lebens eine wichtige Rolle. Es war eine Zeit, in der er durch den Umzug seiner Familie sein gewohntes soziales Umfeld verloren hatte. Sein Vater zog sich vorübergehend von der Familie zurück, seine Mutter fühlte sich nach eigener Aussage mit ihren drei Kindern als Zugereiste im Dorf überfordert, isoliert, unzufrieden, vereinsamt und ohne Kontakte. An Manuel als dem ältesten der Geschwister wurde die Anforderung gestellt, vernünftig zu sein und die Mutter zu unterstützen. Daß er in einem Alter, in dem die Identifikation mit dem Vater eine wichtige Rolle spielt, gerade diesen vermissen mußte und sich emotional auch von seiner Mutter verlassen fühlte aufgrund der beiden kleinen Schwestern, welche die mütterliche Nähe und Zuwendung ununterbrochen forderten, liegt auf der Hand.

Deutlich wurde mir an Manuels Beispiel, daß Kinder in ihrem Verhalten ebenso wie in ihren Zeichnungen und Bildern immer wieder das in Szene setzen, was sie bewegt, sicher in der unbewußten Hoffnung, verstanden und damit akzeptiert zu werden und letztendlich Entlastung und Unterstützung in ihren momentanen Lebensphasen zu erhalten. Das freie Gestalten des »eigenen Themas« kann als Wegweiser dienen. Das aktive gestalterische Tun zeigt hier eine heilsame Wirkung.

Kinder, deren auffälliges Verhalten und deren Bilder früh genug verstanden werden als Ausdruck ihrer aktuellen Lebenssituation beziehungsweise als Verarbeitungsversuch unbewältigt gebliebener Aspekte ihrer bisherigen Lebensgeschichte, haben die Chance, ihre Probleme und Schwierigkeiten in Szene zu setzen und dabei Angestautes, Blockiertes, Unverarbeitetes zu überwinden. Ich bin überzeugt, wir hätten mit diesem Verständnishintergrund wesentlich weniger therapiebedürftige oder sogenannte verhaltensgestörte Kinder. Ihr Verhalten würde uns seltener stören, sondern im Gegenteil als chiffrierte Mitteilung interessieren. Schon allein diese veränderte Einstellung und Haltung Erwachsener könnte bewirken, daß sich »unliebsames« Verhalten weniger häufig zur Verhaltensauffälligkeit oder gar zur Verhaltensstörung auswachsen und manifestieren würde. Könnten sich Erwachsene in kindliche Ausdruckformen und Lebensäußerungen zuweilen besser einfühlen, müßten sie diese weniger abwerten und könnten sich sicherlich öfters für eine Integration und seltener für eine Ausgrenzung solcher Kinder – zum Beispiel in Sondereinrichtungen – entscheiden. Dies wäre ein wesentlicher Schritt in Richtung Prävention.

Björns kranker Baum und seine verletzte Schlange

Björn – ein fünfjähriger Junge mit Sprach- und Verhaltensbesonderheiten – setzte sich mit dem Inhalt eines spanischen Kinderliedes um einen kleinen kranken Baum, der Hilfe braucht, sehr individuell auseinander. Der Inhalt der ersten beiden Strophen lautet folgendermaßen:

»Kleiner Baum in meinem Garten, bist du krank,
Blätter fallen ab, Zweige sind schon schlapp.
Kommt her, kommt her, Freunde, kommt schnell her,
der Baum ist krank und er kann nicht mehr…

Wind spielt mit dem kleinen Baum und rüttelt ihn.
Wind spielt mit dem kleinen Baum und schüttelt ihn,
hat nur noch drei Blatt, fallen auch schon ab.
Kommt schnell herbei, wir dürfen nicht mehr ruhn,
der Baum ist krank, wir müssen schnell was tun!«

In der Kindergruppe unterhielten wir uns darüber, was diesem Baum
fehlen und wie ihm geholfen werden könnte. »Gießen, einzäunen, strei-
cheln…«, antworteten die Kinder. Björns spontane Reaktion war: »Einen
neuen Samen ausstreuen, und den kranken Baum absägen.« Sofort machte
er sich mit den anderen Kindern der Gruppe ans Werk, das Helfen
gestalterisch darzustellen. Überall entstanden »Gieß-, Streichel-, Baum-
umarm- oder Baumpflegebilder«. Die Bäume standen auf saftigen Wiesen,
erhielten grüne Blätter, Früchte wuchsen darauf. Sie waren umgeben von
bunten Blumen, Schmetterlingen und Vögeln und wurden von Sonnen
angestrahlt; einige Kinder malten den rettenden Regen bei Trockenheit und
einen alles beschützenden Regenbogen.

Nicht so Björn. Sein Baum stand auf keinem Boden. Für sein Bild hatte er
eine triste graue Farbe gewählt. Die Äste des Baumes hingen traurig und
»verwirrt« herunter, kein Blatt wuchs daran (siehe Bild Seite 101, rechts).
Dies sei der neugepflanzte Baum, sagte Björn, der sei aber auch krank. Mit
diesen Worten wendete er das Blatt mürrisch und versuchte eine neue
Variante. Sein zweiter Baum – mit derselben grauen Farbe gestaltet – erhielt
nun einige Blätter, die waagerecht an stielartigen Ästen direkt aus dem

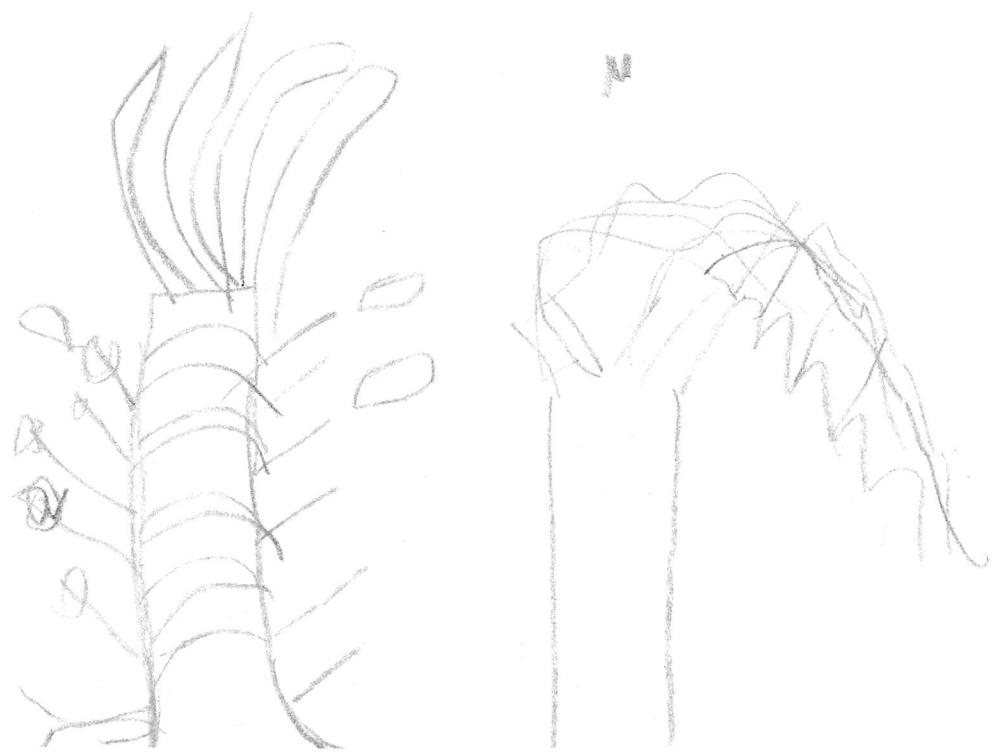

Baumstamm wuchsen beziehungsweise vereinzelt gar nicht mit diesem verbunden waren. Die Krone des Baumes reckte sich blattlos in die Höhe mit vier starken, kahlen Ästen (siehe Bild oben, links).

Dieser Baum war mit einer Bandage umwickelt. »Der braucht einen Verband, der ist verletzt«, rief Björn, sprang auf und raste wie wildgeworden durch den Raum. Nach dieser Malaktion war er kaum zu bändigen, er wirkte richtiggehend »außer sich«.
Zu dieser Zeit wußte ich über Björns momentane Lebenumstände und seine Geschichte noch nichts.
In der Kindergruppe hatte er ziemlich schnell Kontakt zu einem anderen Jungen aufgenommen, der ebenfalls Sprachauffälligkeiten zeigte. Beide

foppten fortwährend die Mädchen der Gruppe, verwickelten die Jungen in Streitereien und waren ständig in unruhiger, gehetzter Bewegung. Mit dem »Negativbündnis« der beiden war es schwierig für mich umzugehen. Ich hatte Mühe, einen einigermaßen entspannten und freundlichen Kontakt zu den beiden Buben aufzubauen. Björns Mutter war in der Abholsituation immer schnell verschwunden, so daß ich auch von ihr vorerst nicht viel über die Hintergründe seines auffälligen Verhaltens erfahren konnte. In der Faschingszeit beschäftigten wir uns auch in dieser Kindergruppe mit dem »Karneval der Tiere«. Die Kinder lauschten der Musik, besprachen die Rollen, stellten sie zur Musik tanzend dar und malten schließlich die Szene, von der sie sich am meisten angesprochen fühlten.

Björn fand keine Ruhe zum entspannten Zuhören. Schon nach den ersten Tönen sprang er auf und stellte im Laufe des musikalischen Geschehens jedes der auftauchenden Tiere mit charakteristischen Merkmalen dar. Er war nicht zu bremsen und zeigte großen Spaß an seinen schauspielerisch wirklich gelungenen, solistischen Einlagen.

Auf den Zeichnungen der Kinder fanden sich all die Tiere, die auch im musikalischen Beitrag, im gesprochenen Zwischentext und in den Rollenspielen vorgekommen waren. Bei Björn jedoch entstand eine Schlange. (In der Musikgeschichte ist lediglich von Schuppentieren die Rede.) Sie war verletzt und blutete. Auf meine vorsichtige Frage, ob seinem Tier vielleicht etwas zugestoßen sei, gab er bereitwillig Auskunft: »Die Schlange kommt über mich. Sie ist verletzt, blutet. Es ist noch ganz schlimm; aber sie tut mir nichts, sie ist mein Freund!« (Siehe Bild Seite 104.)

Wieder hatte sich das Thema »Verwundung/Verletzung« seinen Weg gebahnt. Sofort nach dem Fertigstellen des Bildes überreichte es mir Björn mit den Worten: »Da, schenk ich dir!« Vorsichtshalber fragte ich noch einmal nach, ob er es nicht doch selbst behalten wolle, es sei meiner Ansicht nach ein besonderes Bild. Aber er blieb dabei – ich sollte es bekommen, das war ihm wichtig. Es war bisher noch nicht vorgekommen, daß Björn sich ernst, offen, in Ruhe und mit Bestimmtheit an mich wandte. Plötzlich fühlte ich mich wie eine Verbündete, im Moment ohne rechte Klarheit, warum mich dieses Gefühl beschlich. Die Frage, ob ich dieses Bild seiner Mutter zeigen dürfe, bejahte er, betonte aber noch einmal, daß es mir gehöre.

Seine Mutter reagierte erstaunt, daß er so ausdauernd und sogar bunt gemalt hatte. Meiner Einladung zu einem Gespräch folgte sie gerne. Hier erfuhr ich, daß Björn ein Pflegekind war; die leibliche Mutter hatte ihn dreijährig in einem emotional erheblich verwahrlosten Zustand beim Jugendamt abgeliefert mit den Worten: »Nehmen sie ihn, ich tu ihm sonst was an…« Nach einem kurzen Heimaufenthalt sei er dann in ihre Familie gekommen. Nun wolle sie seine Adoption durchsetzen, stoße aber bei ihrem Mann und ihren beiden eigenen Kindern momentan noch auf Widerstände, weil Björn sich nicht an die geltenden Familienregeln anpassen könne. Frau M. räumte jedoch ein, daß er sich trotz aller Schwierigkeiten sehr bemühen würde, in der Familie einen Platz zu finden. Er dränge immer wieder darauf, endlich den gemeinsamen Familiennamen zu erhalten, um dazuzugehören.

Aus Björns Vorgeschichte waren nur vage und bruchstückhafte Informationen zu erhalten. Seine leibliche Mutter führte anscheinend einen unsteten Lebenswandel mit wechselnden Partnern. Gewalt und Mißhandlungen schienen an der Tagesordnung zu sein. Björns Mutter gab den Namen seines Vaters nicht bekannt. Sie heiratete einen Iraner, und Björn erhielt dessen Namen. Offensichtlich war sie eine Zeit lang mit Björn in einem Frauenhaus gewesen, war dann untergetaucht und hatte mit ihrem Sohn ihr Heimatland verlassen. Auch ihr erstes Kind hatte sie zur Adoption freigegeben.

Nach dem informativen Gespräch mit Björns Pflegemutter war ich in der Lage, die beiden von ihm gemalten Bilder mit seinem Verhalten in Beziehung zu sehen und ihn besser zu verstehen. Hier zeigte sich offensichtlich eine tiefe seelische Verwundung, eine Verletzung aus früher Kindheit:

Genau wie sein Baum erlebte Björn bis zu seiner Aufnahme in die Pflege-
familie immer wieder, aus seinen Bezügen herausgerissen zu werden,
abgeschnitten zu sein von Bezugspersonen, keinen »nährenden Mutterbo-
den zum Wurzeln«, kein Klima zum emotionalen Wachsen vorzufinden –
eine graue, bodenlose Atmosphäre, trostlos, leer. Nun verstand ich seinen
traurig-verwirrten, ersten Baum, wurzellos, öde, herausgerissen, abgesägt
– neuer Samen aber war schon ausgesät. Vielleicht kann dieser zweite
Baum als Hinweis auf seine Hoffnung verstanden werden, in seiner neuen
Familie neu anfangen zu können. Möglicherweise könnte er aber auch
darauf hindeuten, daß in der Zeit, in der Björn seine Baumbilder gemalt
hatte, seine leibliche Mutter erneut schwanger wurde. Auch dieses Kind
gab sie nach der Geburt zur Adoption frei.

Björns zweiter Baum erhält aufgrund seiner Wunde eine dicke Bandage.
Auch seine Schlange blutet. Er selbst liegt unter ihr in einer Art Fruchtblase,
es fehlen Arme und Beine, Nase, Mund und Ohren. Er ist bewegungsunfähig,
wichtige Wahrnehmungsorgane fehlen, aber er sieht! Mit riesigen Augen
nimmt er wahr, was passiert, muß dabei aber handlungsunfähig bleiben.

Ich verstand Björns Bilder als Hilferufe, die sich als Botschaften aus dem Unbewußten einen Weg aufs Papier bahnten in der Hoffnung, gehört, verstanden und trotz aller Erschwernisse angenommen zu werden.

Als Björns Pflegemutter kurz nach seiner Adoption selbst noch einmal schwanger wurde, empfahl ich ihr dringend, sich für ihn um einen Kindertherapieplatz zu bemühen, da er auf diese neue Situation mit großer Unruhe und Verunsicherung reagierte. Kurz vor der Geburt seines Stiefbruders wurde er in eine kindertherapeutische Kleingruppe der örtlichen Erziehungsberatungsstelle aufgenommen.

Seine bewegte Lebensgeschichte setzt Björn auch heute noch in jeder Gruppe, die für ihn von Bedeutung ist (Familie, Schule, Freizeitgruppen, therapeutische Gruppen), in Szene und stellt damit seine Umgebung auf die Probe. Seine Frage wird bleiben: Behaltet ihr mich, akzeptiert ihr mich, mögt ihr mich trotz dem ich so bin, wie ich bin?

Wir Pädagogen neigen dazu, Kinder wie Björn oder auch Manuel mit einer mehr oder weniger »sanften Gewalt« in das soziale Gefüge der Kindergruppe integrieren zu wollen, oftmals ohne uns für die in Szene gesetzte Geschichte des Kindes und die Hintergründe seines Verhaltens zu interessieren. Mit etwas pädagogischem Geschick und einigen angelernten Methoden für das Vorgehen in der Erziehungspraxis müßte doch jedes Kind irgendwie einzugliedern sein, lernen wir in der Ausbildung. Ansonsten sind entweder wir nicht gut, nicht perfekt genug oder unsere pädagogische Kompetenz und Profession reichen einfach nicht aus – wir haben das Gefühl zu versagen. Oder das Kind ist nicht anpassungsfähig und deshalb auch nicht integrierbar. Es wird an eine Sondereinrichtung verwiesen.

Sollte in dieser Hinsicht nicht innerhalb der Pädagogik ein grundlegender Umdenkungsprozeß stattfinden? Es ist nicht unsere Aufgabe, jedes Kind in erster Linie zum gut funktionierenden Gruppenmitglied zu machen.

Vielmehr geht es zuerst einmal darum, kindliche Verhaltensweisen als Ausdruck innerer Befindlichkeit bewußt wahrzunehmen und als solche verstehen zu lernen. Es geht darum, die im auffälligen Verhalten, in Spielen, in Kinderzeichnungen sich widerspiegelnden Szenen als Botschaften anzunehmen, wertzuschätzen, sie möglicherweise in eine für uns Erwachsene verständlichere Sprache zu übersetzen und darüber behutsam Kontakt mit dem Kind aufzunehmen. So wird eine Erziehungsaufgabe zu einer Frage der Beziehung! Innerhalb einer auf Verständnis beruhenden Beziehung sind Veränderung und Integration meist möglich. Pädagogisches Verhalten, abgeleitet aus diesem Gedanken, halte ich für einen Beitrag zur Prävention im Vorfeld sich manifestierender, psychischer Störungen. Pädagogisch-professionelles Verhalten auf dieser Grundlage erhält im Zuge der wachsenden Anzahl von »Kindern mit besonderen Bedürfnissen« eine immer größere Bedeutung.

Ein Beispiel aus Bruno Bettelheims Arbeit mit seelisch gestörten Kindern hat mich nachhaltig beeindruckt und meine Einstellung und Haltung Kindern gegenüber geprägt:

»Als ein achtjähriges Mädchen an die Schule (Orthogenic School, Chicago) kam, erwartete sie, man werde sie ihrer heftigen Aggressionen wegen hassen oder sie dafür bestrafen. Aber statt dessen sagte man ihr, wir Erwachsenen hätten sie gerne und ertrügen ihr Verhalten, weil wir überzeugt seien, sie habe gute Gründe, so zu handeln, wie sie es tue; wir bedauerten zwar ihre Verhaltensweisen, aber wir respektierten das, was hinter ihnen liege.« (Bruno Bettelheim)

Gespräche mit Müttern über Bilder ihrer Kinder

Immer wieder wurde ich bei meiner Arbeit mit Kindern von interessierten oder besorgten Eltern um Rat gefragt. Dabei ging es oft um aufreibende Erziehungsschwierigkeiten, häufig um Geschwisterprobleme, manchmal auch um Abgrenzungsprobleme. Dabei spiegelten sich immer wieder Konflikte in Kinderzeichnungen wieder, über die in einem intensiveren Gedankenaustausch in beratenden Gesprächen mit Müttern interessante Erkenntnisse gewonnen werden konnten. Einige Beispiele werden in diesem Kapitel vorgestellt.

Anne: Geschwisterkonflikt ins Bild gebannt

Anne lernte ich in einem Malkurs für Kinder im vorschulischen Alter kennen. Sie war damals viereinhalb Jahre alt und besuchte nach diesem Kurs kontinuierlich verschiedene von mir angebotene Veranstaltungen (Malkurse für Kinder, Ferienprogramme). Anne wirkte vernünftig und erwachsen. Gleich in der ersten Stunde fiel sie auf als ein außerordentlich konzentriertes Mädchen, das sich differenziert mit den vorgeschlagenen Themen auseinandersetzte und Malmaterial bevorzugte, mit dem sie ins Detail gehen und genau arbeiten konnte. Anne war schon früh bemüht, ihre Figuren realitätsgetreu darzustellen.

Zum sechsten Mal-Nachmittag brachte ich Materialien mit für großflächig mit Wasserfarben und dicken Pinseln zu gestaltende »Musikbilder«. Mir war in den vorangegangenen Nachmittagen aufgefallen, daß ein Teil der acht Vorschulkinder verspannt und verkrampft wirkte. Auch kontrollierten und bewerteten sich die Kinder gegenseitig. Für ihre Arbeiten wählten sie vornehmlich harte Stifte und kleinformatige Zeichenblätter. (Grundsätzlich möchte ich den Kindern, die bei mir malen, die Freiheit lassen, aus einem vielfältigen Angebot an Materialien auswählen zu können. Durch ihre Wahl

107

erhalte ich manchmal wichtige Informationen über ihre Art, sich mit der Welt und den Dingen in ihr auseinanderzusetzen, und kann möglicherweise unterstützend eingreifen.)

Für diese Gruppe wählte ich bewußt die »Moldau« von Smetana, um die Kinder zum großzügigen, aufgelockerten Gestalten anzuregen. Der gesamte Fußboden wurde ausgelegt mit unterschiedlich langen Papierbahnen. Jedes mit Pinsel und wässriger Farbe ausgerüstete Kind suchte sich einen Platz im Raum. Anne setzte sich zum kleinformatigsten Papier (ca. 1 x 2 Meter), zögerte anfangs, ließ sich jedoch von der beginnenden Musik ergreifen und kam langsam »ins Fließen«. Ihre Anspannung löste sich, sie begann, sich erstmals auszubreiten. Mit der Zeit schien Anne vollkommen versunken, ruhig und bewegt zugleich. Als die Musik zu Ende war, hatte ich den Eindruck, Anne tauche auf wie aus einer anderen Welt. Ein Meer war entstanden mit hohen Wellen.

Zum Schluß malte sich das Mädchen selbst groß in die Mitte ihres Bildes – von einer hohen Welle getragen. Danach lehnte es sich erschöpft zurück. Die Stunde war zu Ende, die Mütter kamen, um ihre Kinder abzuholen. Annes Augen hatten sich mit Tränen gefüllt. Frau B. reagierte besorgt auf diese Situation. Auf die Frage, ob Anne traurig wäre, verneinte sie; ein Grund für Traurigkeit oder Enttäuschung war nicht auszumachen. In einem ausführlichen Gespräch kurz nach diesem Ereignis erzählte Annes Mutter, daß sie zur Zeit selbst recht angespannt sei durch ihre familiäre Situation. Möglicherweise übertrug sich diese Spannung auf Anne. Frau B. berichtete, daß ihre Tochter nach der beschriebenen Musikmalstunde erstaunlich gelöst, weich und zufrieden gewirkt habe.

Einige Monate später suchte Frau B. das Gespräch mit mir über mehrere Bilder, die Anne in der letzten Zeit gemalt hatte. Es war ihr aufgefallen, daß ihre Tochter beim Darstellen ihres Bruders seit einigen Monaten Arme beziehungsweise Hände »vergaß« zu malen. Sie suchte bei mir nach einer Erklärung für dieses Phänomen.

Auf einem der mitgebrachten Bilder heiratet Anne ihren Bruder; sich selbst stellt das Mädchen als Prinzessin und ihren drei Jahre jüngeren Bruder als Prinzen dar, ihn jedoch ohne Arme. Auf anderen Zeichnungen erschien der Bruder zum Beispiel als Baby ohne Hände.

Frau B. konnte sich diesen Umstand nicht erklären, denn Anne gehöre eigentlich zu den Kindern, die besonders darauf bedacht seien, genau und akurat zu arbeiten. Normalerweise zähle sie sogar die Finger an den Händen der dargestellten Personen nach und ergänze fehlende Gliedmaßen selbständig. Bei ihrem Bruder mache sie dabei eine Ausnahme.
Frau B. erzählte: »Beide Kinder mögen sich ausgesprochen gerne, sie haben eine gute Beziehung zueinander.« Dies sei von Anfang an so gewesen. Schon als Baby wäre der Bruder von seiner Schwester besonders liebevoll

behandelt worden. Ihr als Mutter gegenüber sei Anne nach der Geburt ihres Bruders ungewöhnlich aggressiv geworden. Im folgenden Gespräch bat ich Frau B. zu versuchen, ihre Aussagen mit Annes Zeichnungen in Beziehung zu setzen. Sie überlegte und fragte: »… die beiden Kinder stehen auf gleicher Ebene, haben die gleiche Körpergröße. Könnte dies darauf hinweisen, daß Anne ihren Bruder als gleichwertig akzeptiert und ihn als Partner anerkennt?« Daß dieser keine Arme beziehungsweise Hände habe, nahmen wir erst einmal als einen wichtigen Hinweis. Nach einem Gespräch über das tägliche Miteinander der beiden Kinder erwähnte Frau B. fast beiläufig, daß der Bruder öfters vom Schreibtisch seiner Schwester Dinge wegnehme und sie dann auf »Nimmerwiedersehen« verschwinden lasse. Anne reagiere dann immer enttäuscht, könne aber ihren Ärger darüber nicht recht zeigen. Anne sei, seit ihr Bruder laufen kann, überhaupt sehr darauf bedacht, ihren Bereich vor seinen Zugriffen zu schützen. Frau B. wunderte sich jedoch, wie freundlich und verständnisvoll Anne dabei vorgehe. Sie hielt inne und schmunzelte: »Wenn der Kleine nun keine Arme oder Hände mehr hat, kann er ihr auch nichts mehr wegnehmen, stimmts?« Diese im Spaß geäußerte Vermutung wurde für Frau B. zum »Aha-Erlebnis«. Ihre Besorgnis, es könnten Rückschritte in Annes Malentwicklung angezeigt sein, weil sie in ihren Darstellungen plötzlich wesentliche Körperteile ausließ, war unbegründet. Die Beschäftigung mit diesen Bildern jedoch verhalfen ihr zu einer Einsicht in »magische Praktiken«, mit deren Hilfe Kinder sich gerne entlasten und Probleme auf der Bildebene zu bewältigen suchen. Können solche Konflikte von den Kindern gestalterisch ausgetragen beziehungsweise ausgedrückt werden und stoßen vielleicht sogar noch auf Verständnis beim Erwachsenen, befreit das Darstellen des Problems wie im geschilderten Fall einerseits die Malende und verschont andererseits den geliebten Partner. Er braucht keine Aggressionen zu fürchten.

Tina: Familienzuwachs unerwünscht

Tinas Mutter suchte das Gespräch mit mir, weil ihre viereinhalbjährige Tochter immer noch große Schwellenangst vor dem Kindergarten zeigte. Frau Z. brachte eine thematisch frei gewählte Zeichnung von Tina mit, die sie auf Wunsch der Mutter extra für das Gespräch mit mir gestaltet hatte. Das Mädchen entschied sich spontan, ihre Familie darzustellen. Sie malte sich selbst zuerst, die Mutter dicht neben sich, links das Haus und rechts das »Schloß der Prinzessin«, hinter dem rechts außen der Vater steht. Die sieben Monate alte Schwester fehlte.

Die Mutter gab sich mit der Zeichnung nicht zufrieden. Wenn schon Familie, dann doch bitte alle! Sie machte Tina den Vorschlag, das Baby noch dazuzumalen, damit die Familie auch komplett sei. Schließlich würde die kleine Schwester jetzt doch auch zur Familie gehören. Frau Z. schlug vor, sie zwischen sich und Tina zu plazieren! Verständlicherweise reagierte Tina auf diese Idee äußerst verärgert: »Da sind Blumen und wir und die Schwester hat da keinen Platz und das will ich nicht!« Die Mutter versuchte mit viel Überredungskunst, noch andere Plätze auf der Zeichnung für die Schwester ausfindig zu machen, worauf Tina jedesmal verärgert »Nein« rief und schlußendlich türeknallend mit ihrer Zeichnung im Kinderzimmer verschwand. Als sie nach einer halben Stunde wieder zurückkam, war die Wut verraucht und die Schwester ins Haus gezeichnet (Bild Seite 112).

Inhalt unseres Gesprächs wurde aufgrund der mitgebrachten Zeichnung unvorhergesehen die Geschwisterproblematik, nicht wie ursprünglich geplant Tinas Kindergarten-Schwellenangst. In Frau Z.'s stichwortartigen Notizen über Gedanken, die sie sich während und nach unserer gemeinsamen Bildbetrachtung und dem anschließenden Gespräch gemacht hatte, finden sich folgende Bildinterpretationsversuche:

»Mutter ist am vollständigsten, also wohl am wichtigsten für Tina. Sie hat als einzige Arme, wird also wohl am aktivsten erlebt. Mutter und Tina

haben Knöpfe, sie könnten Nähe und Verbundenheit ausdrücken (gleiche Attribute). Zudem sind Mutter und Tina auf einer bildlichen Ebene, das heißt vielleicht gleichrangig, gleich wichtig und bedeutsam.

Zwischen ihnen wachsen Blumen! (Tinas Eltern betreiben eine Gärtnerei.) Die Schwester ist im Haus, also abgegrenzt von Tina und Mutter, und kann ihre Beziehung nicht stören. Die Schwester wird aber als wichtig und positiv erlebt. Die Mutter ›hört‹ noch die Schwester, kümmert sich ›hörend‹. Die Schwester und der Vater haben Ohren, nicht gleich groß, sind aber wohl symbolisch darüber miteinander verbunden. Außerdem: Vater und Schwester sind auf einer bildlichen Ebene! Tina erlebt (oder wünscht sich?) vielleicht ›Schwester + Papa‹ und ›Mama + ich‹. Vater hinter dem Schloß der Prinzessin: Das könnte räumliche Trennung bedeuten, Aufarbeitung einer Trennungssituation im vergangenen Jahr. Vater wird freundlich erlebt. Die Sonne scheint direkt über Mutter und Tina: Diese Beziehung ist ihr wohl am wichtigsten. Es könnte der Wunsch sein nach mehr Beziehung zu der Mutter.«

Frau Z. fand über die mitgebrachte Zeichnung eine Möglichkeit, über die Stellung und die Beziehungen ihrer Tochter in der Familie nachzudenken und auch sich selbst damit in Beziehung zu setzen. Sie bemerkte den Wunsch ihrer Tochter nach mehr Nähe – möglichst ohne die kleine Schwester, die momentan noch Mutters Aufmerksamkeit in hohem Maße forderte. Im Gespräch wurde deutlich, daß Tina auf der Bildebene den Wunsch nach mehr Verbindung zu ihr als Mutter ausdrückte.

Im bildnerischen Gestaltungsverlauf fand sich die Enttäuschung des Mädchens darüber ausgedrückt, durch das Geschwisterkind vom ersten Platz in der Familie vertrieben worden zu sein. Dies kam offensichtlich durch das Weglassen der Schwester im Familienbild zum Ausdruck.

In der Auseinandersetzung mit dem Problem der Eifersucht und Rivalität auf der bildhaften Ebene gestattete sich Tina eine Wunschwirklichkeit: allein mit Mama und Papa, die Schwester einfach nicht vorhanden. Wünsche und Bedürfnisse nach Wiederherstelllung einer alter Familienkonstellation, in der Tina »die Einzige« war, in der sie die Aufmerksamkeit und Liebe der Eltern noch nicht teilen mußte, wurden spürbar.

Dem Mädchen bot sich über das Malen eine Ausdrucksmöglichkeit ihrer nicht immer freundlichen Gefühle dem Geschwisterkind gegenüber, ohne die selbstverständlich dazugehörenden Aggressionen direkt mit der Schwächeren austragen zu müssen: Die Schwester wurde einfach weggelassen!

Dieses Verstehen von Tinas Familienbild macht deutlich, wie unbedacht wir oft handeln, wenn wir den Kindern unsere Vorstellung von einer vollständigen und »fertigen« Zeichnung aufdrängen wollen. Das Beeinflussen der Kinder mit unseren Erwachsenenvorstellungen kann bewirken, daß sich Kinder in ihren nonverbalen Mitteilungsbedürfnissen, Ängsten und Nöten nicht verstanden fühlen und entsprechend gereizt reagieren oder sich resigniert zurückziehen. Kinder, die immer wieder solche Erfahrungen auch in anderen Lebenszusammenhängen machen, werden »auffällig« in ihrem immer wieder scheiternden Versuch, das mitzuteilen, was sie belastet, bedrückt, beängstigt, bedroht.

Frau Z. verstand auf diesem Hintergrund auch die alltäglichen Trennungsprobleme ihrer älteren Tochter an der Kindergartentür. Tina mußte dann nämlich die Mutter der Schwester allein überlassen. Dabei fühlte sie sich verlassen.

Als wichtige Erkenntnis aus den Gesprächen mit Annes und Tinas Müttern über Probleme unter Geschwistern kann festgehalten werden: Das, was offensichtlich im Bild weggelassen wird, hat meist eine wesentliche Bedeutung, einen tieferen Sinn. Deshalb sollten Kinder grundsätzlich selber bestimmen können, wann ihre Zeichnung fertiggestellt ist, was in ihr Bild gehört und was fehlen soll. Sind wir solchen »Mitteilungen« gegenüber aufgeschlossen, können wir sie einfach annehmen, als stille Botschaften anerkennen oder ein einfühlsam geführtes Gespräch darüber einleiten. Wir helfen möglicherweise Kindern dabei, sich zu entspannen, Konflikte bewußt oder unbewußt auf der Bildebene zu durchleben – dort wird niemandem Schaden zugefügt –, und regen damit Verarbeitungsschritte an. Oft fehlt das Wissen um diese Phänomene, manchmal fehlen auch Zeit und Muße zum »Hindenken« in diese Richtung. Unsere oft voreilig ausgeübte »Erwachsenenkontrolle« kann hier wichtige Botschaften aus der Kinderseele blockieren und das Zusammenleben mit unseren Kindern unnötig erschweren.

Uli: »Nimm mich an die Hand!«

Frau A. erzählte, daß ihre Tochter Uli, jetzt viereinhalb Jahre alt, unmittelbar nach der Geburt ihres Bruders ungefähr sechs Monate lang ihre bis dahin umfangreiche »Bildergeschenkproduktion« eingestellt habe. Zuvor schenkte sie alle ihre Bilder der Mutter, die sie in einem Ordner sammelte. Ihrem neugeborenen Bruder gegenüber sei sie außerordentlich aggressiv gewesen. Frau A. konnte die beiden keinen Augenblick alleine lassen, ohne Angst um das Baby haben zu müssen. Dauernd mußte sie ihren Sohn schützen vor Ulis Wut über den unwillkommenen Familienzuwachs.

Frau A. war schon häufiger zum Gespräch mit mir verabredet gewesen. Ihre Tochter Uli wußte um mein Interesse an Kinderzeichnungen. Als sie mitbekam, daß ihre Mutter einen Gesprächstermin mit mir vereinbarte, weil sie sich die massiven, tätlichen Übergriffe auf den kleineren Bruder nicht erklären konnte, malte Uli schnell ein Bild und bestand darauf, daß die Mutter es mitnahm. Beim Malen habe sie erzählt: »Das ist die Frau Fleck-Bangert (ich werde als linke Figur zuerst gezeichnet).« Rechts daneben: »Und das bin ich – und daneben bist du, Mama (ich werde also jetzt zu Ulis Mutter umgewandelt) …und du nimmst mich an der Hand. Daneben steht der Bernd (ihr elfjähriger Cousin), der ist schon groß, der braucht keine Hand, der kann schon alleine stehen.«

115

Diese vom Kind »geschlagene Brücke« zwischen mir, ihrer Mutter und Uli war aufschlußreich: Rechnete das Kind damit, daß wir im Gespräch mit Hilfe ihres Bildes in der Lage sein würden, ihre Botschaft zu entschlüsseln? Ulis symbolisch ausgedrückter Wunsch, an der Hand genommen und geführt zu werden – zu verstehen als Bedürfnis nach Schutz und Orientierung, noch klein sein dürfen, auch wenn sie die Große, die Ältere ist –, wurde aufgrund der spontanen Zeichnung zum Gesprächsinhalt. Uli nutzte die Möglichkeit, ihrer Mutter über mich als »Vermittlerin« ihre geheimen Wünsche mitzuteilen. Wir fanden in ihrer Zeichnung das hoffnungsvolle Bedürfnis nach Nähe und Verbindung zur Mutter, das sich hinter Ulis aggressivem Verhalten möglicherweise verbarg.

Frau A. erinnerte sich, daß eine der letzten Zeichnungen, die Uli vor der Geburt des Bruders gemalt hatte, sie als schwangere Frau mit sichtbarem Baby im Bauch darstellte. Neben ihr stand ein rauchendes Atomkraftwerk, abgebildet in derselben Farbe wie das Baby im Bauch. Frau A. engagierte sich damals in einer Gruppe von aktiven Atomkraftgegnerinnen. Uli war auf einige Demonstrationen mitgenommen worden. Die dort geführten Gespräche und Auseinandersetzungen beinhalteten immer wieder das Thema »Gefahr und Bedrohung«. Frau A. vermutete nun, daß sich Uli nicht nur durch das emotionale Klima der durchgeführten Aktionen, sondern auch durch die Schwangerschaft und Geburt extrem verunsichert gefühlt habe. Möglicherweise versuchte sie, mit der Ablehnung des Bruders die gespürte Bedrohung abzuwenden.

Auch hier spielt also, ähnlich wie in Tinas Beispiel, eine Form der Geschwisterrivalität eine Rolle: die Enttäuschung und Wut darüber, nicht mehr die Erste zu sein, sich zurückgesetzt zu fühlen, später dann die Angst, den eigenen Bereich nicht schützen zu können, etwas weggenommen zu bekommen, das Liebste und Wichtigste – die Mutter – teilen zu müssen, das Gefühl, womöglich nicht mehr so wichtig zu sein wie zuvor.

Uli konnte im Bild klar ausdrücken, was sie im Moment brauchte: keine ständigen Vorwürfe, Zurechtweisungen und Aufforderungen, sich dem Bruder gegenüber nett und als große, verständige Schwester zu zeigen, sondern eine Hand, die sie hält, die ihr erlaubt, sich neben dem »Groß-Sein« auch ab und zu mal klein und hilfsbedürftig fühlen zu dürfen.

Nathalie bringt Ordnung ins familiäre Chaos

Manchmal bitte ich Eltern, die mit Hilfe von Zeichnungen etwas über ihre Kinder erfahren wollen, selbst ein Bild, eine Skizze, eine Kritzelei, ein »Stifte-Tanz-Bild« oder ein blind gemaltes Bild anzufertigen. Hierzu verwende ich meist entweder eine entspannende oder eine anregende Musikbegleitung. So auch bei Frau Y. Wir kannten uns, da ihre zwei Töchter bei mir an acht Nachmittagen eine Malgruppe besucht hatten. Anfangs gerieten wir einmal in eine Auseinandersetzung, als sie sich beim Abholen ihrer jüngeren Tochter – damals gerade dreieinhalb Jahre alt – abwertend äußerte über eine Zeichnung, bei der sich Leonore sehr viel Mühe gegeben hatte. Es handelte sich um ein »Urbild« (Strahler). Ich klärte Frau Y. über die Besonderheit dieser gestalterischen Entwicklungsphase auf und lud sie zu einem einschlägigen Vortrag zu diesem Thema ein. Sie kam tatsächlich und war fortan sehr interessiert an weiteren Informationen über die kindliche Malentwicklung.
Immer, wenn ich sie sah, wirkte Frau Y. gestreßt und hektisch. Deshalb schlug ich ihr zu Beginn unseres Gespräches vor, zuerst einmal ein wenig zur Ruhe zu kommen mit »tanzenden Kreiden«. Frau Y. weigerte sich strikt mit dem Hinweis, sie könne nicht malen und habe im übrigen seit der Schulzeit freiwillig keinen bunten Stift mehr angerührt. Nachdem ich ihr meine ähnlichen Erfahrungen geschildert und nebenbei selbst zu kritzeln begonnen hatte – die leise Musik wirkte anregend –, griff Frau Y. zögernd zu Kreiden, setzte kleine Kringel in bunten Farben, malte vier lachende

117

»Mondgesichter« (»das sollen meine Kinder und ich sein«) und umrandete ihr Bild zum Schluß mit einem roten Rahmen. Jetzt wirkte sie ruhiger.

Frau Y. hatte von ihrer sechsjährigen Tochter Nathalie, die gerade eingeschult worden war, eine Zeichnung mitgebracht mit der Frage, ob ich eine Erklärung dafür finden könne, warum Nathalie so »zwanghaft genau« malen würde. Alles sei so exakt geordnet, selbst die Früchte am Baum wirkten »ausgerichtet«.

Viele Zeichnungen würden auch noch extra eingerahmt. Dies schien ihr unerklärlich. Ihre vierjährige Tochter Leonore sei da ganz anders: total chaotisch!

Wie die Kinder sich zu Hause verstünden, war meine Frage. Die Mutter berichtete: »Alle drei – der Jüngste ist eineinhalb Jahre alt – teilen sich ein Kinderzimmer. Es gibt oft Streit, weil Leonore immer wieder Nathalies Ordnung durcheinander bringt, alles rumliegen läßt und ungefragt deren Sachen benützt. Und der kleine Bruder kommt jetzt halt auch überall dran!«

Nathalies geordnete »Rahmenbilder« können in diesem Zusammenhang erst einmal verstanden werden als Ausdruck eines Abgrenzungsbedürfnisses, als Wunsch, den eigenen Bereich zu sichern und vor äußeren Zugriffen zu bewahren. Diesen Gedanken konnte Frau Y. gut aufnehmen. Sie selber habe auch dauernd alle Hände voll zu tun, das sich immer wieder ausbreitende Durcheinander unter Kontrolle zu halten, und fühle sich damit oft genug überfordert. Auch ihre familiäre Situation sei geprägt von verunsichernden Faktoren: Ihr Mann, seit langem arbeitslos, versuche, seine Familie und sich mit dem Erlös aus Gelegenheitsarbeiten über Wasser zu halten. Als Ausländer habe er wenig Chancen auf dem Arbeitsmarkt. Von der Sozialhilfe unterstützt und als »Zugereiste« in einem Dorf mit eher konservativer Prägung fällt die Familie »aus dem Rahmen«. Unter der dadurch entstandenen Dauerbelastung leidet auch das Eheleben. Immer wieder spielt Frau Y. mit dem Gedanken, sich von ihrem Mann zu trennen; sie kann sich derzeit mit ihm nicht in entspannter Atmosphäre verständigen. In diesem Zusammenhang fällt ihr auf, daß sie auf ihr Bild zwar sich und ihre Kinder, nicht jedoch ihren Mann gemalt hatte.

Vor ihrer Ehe hatte Frau Y. Zahnmedizin studiert, jedoch durch ihre Mutterschaft bisher keine Gelegenheit gehabt, ihren Beruf auszuüben. Sie war besonders interessiert an psychologischen Fragestellungen. Ihr größter Wunsch, in einer tiefenpsychologisch orientierten Selbsterfahrung sich und ihre Kinder besser verstehen zu lernen, war nicht zu realisieren in der jetzigen Lebenssituation. Auch an die Möglichkeit einer kostenlosen Familien- oder Partnerberatung war nicht zu denken, ihr Mann wollte sich nicht darauf einlassen.

Von Nathalie als der Ältesten erwartete Frau Y. besondere Unterstützung. Der Gedanke, daß ihre Tochter in der geschilderten Situation selbst Schutz brauchen könne, war ihr bis jetzt noch nicht gekommen. Ihre »Große« sei doch schon so vernünftig und selbständig im Gegensatz zu den anderen beiden.

Nathalies geordnetes Bild in Beziehung gesetzt zu Frau Y.s Aussagen über ihre familiäre Lebenssituation läßt vermuten, daß das Mädchen auf der Bildebene immer wieder versucht, Ordnung zu schaffen. Alles sollte seinen Platz haben, äußere Überschaubarkeit und innere Struktur erhalten, nichts aus dem Rahmen fallen. Als Frau Y.s Blick das von ihr zu Beginn unseres Gesprächs gemalte Bild streifte, fiel ihr auf, daß sie dieses unbeabsichtigt auch eingerahmt hatte. Sie wirkte nachdenklich.

Wir überlegten uns gemeinsam einen ersten, kleinen machbaren Schritt in Richtung Ordnung zur Entlastung Nathalies und der ganzen Familie. Zu meiner Überraschung entschied sich Frau Y. vorerst für das Anlegen von drei Zeichenmappen für die Geschwister und bestimmte einen festen Platz dafür. Denn über die Bilder ihrer beiden Töchter hatte sie einiges über sich und ihre Kinder lernen und erfahren können.

Als ich sie später wieder traf, erzählte sie, daß sie nach wie vor immer wieder im häuslichen Chaos unterzugehen drohe. Die sorgfältig gehüteten Zeichenmappen jedoch wären eine Art »Heiligtum« – immer am gleichen Platz zu finden und von allen drei Kindern in Ordnung gehalten. Jedes bemalte Blatt Papier wurde seit jenem Gespräch als wichtig erachtet und aufbewahrt. Manchmal entwickelte sich über das eine oder andere Bild ein wichtiger Gedankenaustauch. Ein erster Ordnungsschritt war eingeleitet und durchgehalten worden.

Angesichts der schwierigen Lebenssituation dieser Familie erscheint dieser wirklich kleine Schritt in Richtung Veränderung fast unerheblich. Trotzdem bin ich davon überzeugt, daß solche gelungenen kleinen Schritte der menschlichen Seite positive Energie geben, die geschwächt ist von ständigen Mißerfolgen. Die fortwährende Erfahrung, schon wieder versagt zu haben (das Chaos nicht unter Kontrolle zu bekommen), schwächt das Selbstwertgefühl. Mit der Zeit erwächst daraus ein Kreislauf der sich selbst erfüllenden Prophezeihung (das schaffe ich nie…). Wird dieser Negativ-Kreislauf an einer Stelle durch einen sich wiederholenden Erfolg (Ordnung bei den

Mappen) unterbrochen, erfährt diese Seite der menschlichen Wahrnehmung (ich schaffe es ja doch…) eine positive Stärkung und kann möglicherweise zum Kristallisationspunkt weiterer kleiner Erfolgserlebnisse werden. Aus diesem Grunde möchte ich solchen »Kleinigkeiten« ihre Wertigkeit zusprechen.

Für Nathalie war es entlastend und befreiend, daß sich ihre Mutter ernsthaft Gedanken darüber machte, ob sie als die älteste Tochter überfordert sein könnte mit dem Anspruch, die immer Vernünftige, die Stütze der Familie, die Große zu sein. Für alle drei Kinder war es wichtig, daß sie nun über ihre Bilder und Zeichnungen ein gewisses Maß an Bestätigung, Wertschätzung und Struktur erfuhren.

Lena: »Kitzle mich, beschütze mich.«

Eine junge Mutter brachte zum Elterngespräch eine Zeichnung ihrer viereinhalbjährigen Tochter mit, auf der eine »Seeräuberfrau« mit zwei Augenklappen und eine phallusartige Gestaltung der oberen Extremitäten – laut Lena eine zum Kampf erhobene Faust – dargestellt war (siehe Bild Seite 122). Lena hatte, als sie am Wochenende das elterliche Schlafzimmer stürmte, um ihren Vater »heimzusuchen«, diesen in erregtem Zustand gesehen. Sie merkte sofort, daß sie in eine intime Situation hineingeraten war, in der die Eltern unter sich sein wollten. Deshalb zog sie sich mit ihren Malsachen ins Wohnzimmer zurück. Ihre spontane Reaktion auf der Bildebene waren die beiden Augenklappen, die sie der Piratin anlegte (jetzt sieht sie tatsächlich nichts mehr!), und die bedrohlich wirkende »Phallusfaust«.

Lenas Mutter erzählte, daß ihre Tochter emotional bisher sehr an ihr orientiert gewesen sei und häufig ihre körperliche Nähe gesucht habe mit Kuscheln und Schmusen. Seit einiger Zeit wechsle sie morgens gerne zu ihrem Vater unter die Decke – aber nicht, um mit ihm Zärtlichkeiten auszutauschen, sondern um kampflustige Kitzelspiele zu inszenieren. Im Verlauf dieser turbulenten Spiele kam es bei Lena nicht selten zu Tränen, weil sich die fröhlichen Kitzelaktionen in schmerzhafte Zwicktiraden verwandelten. Deswegen geriet Frau M. mit ihrem Mann immer wieder in heftige Auseinandersetzungen. Sie vertrat die Ansicht, daß er mit den Kitzelattacken aufhören müsse, wenn Lena signalisiere, daß es ihr reichen würde. Weil sie sich gegen den viel stärkeren Vater nicht anders zur Wehr setzen könne, würde sie beginnen zu zwicken. Er jedoch fühlte sich von den Angriffen seiner Tochter animiert und verstand ihr wehrhaftes Verhalten als Aufforderung zur Weiterführung des Kampfes. Aus dem geplanten Spaß wurde Ernst, der Vater reagierte nach Einschätzung der Mutter viel zu grob. Vater und Tochter akzeptierten die »Schmerz-Grenze« des jeweils anderen nicht. Die sonst so gemütlichen Sonntagmorgen-Ausschlafzeiten endeten dann regelmäßig mit Zank und Streit, weil sich beide wehgetan hatten. Mischte sich Frau M. ein, weil es auch ihr zuviel wurde, warf ihr Herr M. vor, sie reagiere mit ihren schützenden Eingriffen ihrer Tochter gegenüber überbehütend und kontrollierend und verhalte sich ihm gegenüber ungerecht. Schließlich wäre es ja Lena, die ihn nicht in Ruhe lasse. Und außerdem könnten sie beide diese Dinge selbst regeln. Im Gespräch mit der Mutter spürte ich deren ihre Unsicherheit in dieser Situation. Sie wollte einerseits den Annäherungsversuchen ihrer Tochter zum Vater nicht im Wege stehen – allzulange war diese fast ausschließlich an ihr orientiert gewesen. Andererseits war es ihr wichtig, daß ihr Mann die körperlichen Grenzen seiner Tochter respektierte. Im Hinblick auf die bedrohlich wirkende Seeräuberinnenzeichnung bestärkte ich die Mutter darin, in entspannter Atmosphäre das Gespräch mit ihrem Mann zu suchen und dabei folgende Aspekte nicht aus den Augen zu verlieren:

● Derzeit fand, ausgehend von Lena, eine Abgrenzung von der bisher engen mütterlichen Beziehung statt. Eine zärtlich-kämpferische Hinwendung zum Vater wurde interessant für das Kind. Die sogenannte »ödipale Phase«, mit der sich jedes normal entwickelte Mädchen im Alter zwischen drei und fünf Jahren auseinandersetzt, schien – etwas verspätet für Lena – angebrochen; diese Form der familiären Dreierbeziehung mobilisiert manchmal Gefühle der Rivalität, des Ausgeschlossenseins, der Eifersucht. Ein souveränes Umgehen mit dieser Situation ist für alle Beteiligten nicht immer ganz einfach.

- Elterliche Sexualität ist Erwachsenen-Terrain. Wichtig ist, darüber offen mit der Tochter zu sprechen, damit sie sich nicht ausgeschlossen fühlen muß beziehungsweise Ängste entwickelt, weil sie das, was sie sieht oder hört, nicht einzuordnen vermag.
- Lenas Körpergrenzen müssen auf jeden Fall beachtet werden. Dadurch bildet und verstärkt sich das Selbstvertrauen des Mädchens: »Mein Körper gehört mir, und ich kann selbst über ihn bestimmen.«
- Dem Wunsch nach väterlicher Nähe, Zeit und Zuwendung sollte auch auf einer nicht-körperlichen Ebene entsprochen werden.

Ich halte Gespräche über diesen Themenkreis für besonders notwendig, weil das Ausbalancieren der Dreier-Beziehung für alle Beteiligten selten problemlos verläuft. Vater, Mutter und Kind* sind verstrickt in einer Lebensphase, mit der sie bisher – jedenfalls beim ersten Kind – keinerlei Erfahrungen haben sammeln können. Lenas Mutter vermittelte den Eindruck, als suche sie stellvertretend für die ganze Familie einen gangbaren Weg, um ihre Tochter zu entlasten.

In einem nächsten Gespräch äußerte sich Frau M. besorgt über einen Alptraum, den Lena ihr bei einem Verwandtenbesuch erzählt hatte. Sie war nachts völlig aufgelöst und verschreckt erwacht. Weinend hatte sie von zwei Männern berichtet, die am Strand hinter ihr her gewesen waren und sie hatten rauben wollen. Mit einem Sprung hatte sich das Mädchen ins offene Meer gerettet und war wie um ihr Leben geschwommen, bis es an ein Haus mit »Unterwasserschleuse« gekommen war. Dort war glücklicherweise eine Schranke mit Schild gewesen, auf dem »Nur für Kinder« gestanden hätte. Schnell war es unten durchgetaucht und hatte das Schwimmbad des Hauses erreicht. Dort waren seine Eltern geschwommen. Gerettet!

Auf der Suche nach einem Auslöser für diesen Traum fiel Frau M. eine

124

Situation vom Tag davor ein: Ein ihr bis dahin unbekannter Mann – der neue Freund ihrer Cousine – hatte sich am Nachmittag besonders intensiv mit Lena beschäftigt. Auch hier spielte sich ähnliches ab wie im Kontakt zu Lenas Vater: provokativ-kämpferische Fangspiele, bei denen sich Lena immer wieder einfangen, kitzeln und auch auf den Schoß nehmen ließ. Frau M. war überrascht vom Zutrauen ihrer Fremden gegenüber bislang eher scheuen Tochter. Sie beobachtete die Szenerie mit wachsendem Unbehagen. Einige Male versuchte sie einzugreifen – erfolglos. Da sie keine »Spielverderberin« sein wollte, ließ sie die beiden trotz ihres unbehaglichen Gefühls, daß es zuviel sei, gewähren. In der Nacht nun träumte Lena den beschriebenen Traum.

Frau M. äußerte im Gespräch mit mir ihre Angst vor möglichem Mißbrauch ihrer Tochter. Einerseits fragte sie sich verunsichert, ob sie womöglich mit solchen Gedanken ihre eigenen Ängste unbewußt auf ihre Tochter übertragen könnte. Andererseits war sie beunruhigt darüber, daß Lena völlig unbekümmert und kindlich verführerisch sogar einen ihr bis dahin unbekannten Mann zu körperlich lustvollen Spielen aufforderte.

Der Traum des Mädchens zeigte, daß Frau M.s Sorge nicht ganz unbegründet war. Auch für Lena schien in dem Spiel eine Grenze überschritten, die sie nun im Traum zu verarbeiten suchte. Zudem schien ihr Traum mitzuteilen, wie existentiell notwendig sie in ihrer jetzigen Entwicklungsphase den elterlichen Schutz benötigte – in einer Zeit, in der sie sich zunehmend traute, auch unbekannte Wege zu begehen. Daß dabei Gefahren drohen können, wird über die Traumbilder einfühlbar.

Wie wichtig es ist, als Erwachsener Grenzen einzuhalten, wird in dem symbolischen Bild des Gebotschildes »Nur für Kinder« besonders deutlich. Auch weist Lenas Traum darauf hin, daß die Eltern die Aufgabe haben, diesen kindlichen Bereich zu schützen!

Angst vor dem Mißbrauch ihrer Tochter, die derzeit auf verführerische Art und Weise ihre körperlichen Grenzen austaxierte, und ihre eigene Unsicherheit im Umgang mit Lenas erwachender Sexualität beunruhigten Frau M. Ausgelöst durch das Bild der Seeräuberfrau beschäftigte sie sich in unseren Gesprächen mit Lenas Versuch, männliche Nähe und Distanz auszubalancieren. Sie setzte sich mit der neuen Lust ihrer Tochter an körperlichen Balgereien mit ihrem Vater und mit anderen männlichen Erwachsenen unter den Verwandten und Bekannten auseinander und fand ihren Standpunkt.

Wichtig erschien mir, daß auch in der sich verändernden Beziehung zu Lenas langjährigem, gleichaltrigem Freund ähnliches passierte. Kräftemessen wurde jetzt wichtig – sich balgen, jagen, kämpfen. Bisher hatten beide immer gerne in Mutters Nähe gespielt, jetzt verkrochen sie sich zuweilen geheimnisvoll tuschelnd und inszenierten ausdauernd »geheime« Doktorund Babywickelspiele. Bei diesen hingebungsvollen Spielen, bei denen sie auf keinen Fall gestört werden wollten, lernten sie sich nun auch bewußt in ihrer gegengeschlechtlichen Körperlichkeit kennen. Der Beschluß, einander später zu heiraten, wurde unumstößlich gefaßt!

Lenas Mutter wurde in unseren Gesprächen klar, daß sich ihre Tochter im Zuge ihrer Persönlichkeitsentwicklung jetzt vermehrt dem männlichen Geschlecht zuwenden würde und dafür einerseits unkontrollierte Freiräume im Spiel mit ihrem vertrauten Freund, andererseits aber auch elterlichen Schutz benötigte im Umgang mit Erwachsenen. Sie wollte Zärtlichkeiten austauschen und sich körperlich kämpfend annähern, Grenzen ausprobieren, überschreiten und gleichzeitig eigene Grenzen akzeptiert wissen. Die Auseinandersetzung mit diesen Inhalten ermöglichte es Frau M., ihre Tochter in ihrer momentanen Entwicklungsphase zu unterstützen.

In einigen Gesprächen mit ihrem Mann äußerte sie ihm gegenüber auch die Forderung, er möge in den von seiner Tochter inszenierten Spielen ihr »Nein«, »Halt«, »Aufhören« akzeptieren, um das grundlegende und für ihre Persönlichkeitsentwicklung so wichtige Gefühl bei ihr zu stabilisieren: »Mein Körper gehört mir!«

Mit ihrer Tochter sprach sie über das Selbstbestimmungsrecht über ihren Körper. Wichtig war ihr dabei zu vermitteln, daß Lena lernt, klar zu signalisieren, was ihr gut tut, was ihr nicht gefällt und was ihr zuviel wird. Allerdings sollte Lena auch begreifen, daß sie die Konsequenzen für allzu angriffslustiges und zum Teil verletzendes Verhalten ihrem Vater gegenüber auch zu spüren bekommt: Er zwickt zurück! Sehr behutsam teilte Frau M. ihrer Tochter mit, daß bei allzu vertrauensvollem körperlichen Zuwenden gegenüber manchen Menschen, die man nicht einzuschätzen vermag – selbst wenn sie vertraut erscheinen –, auch die Gefahr des körperlichen Benützt-Werdens drohen kann.

Frau M. nutzte mit Hilfe von Lenas Zeichnung und Traum die Gelegenheit, sich mit einem Thema zu beschäftigen, das in ihrer eigenen Erziehung verschämt ausgeklammert wurde und auch heute noch vielerorts gerne ausgespart wird.

Mütter malen

Das Bild als Kommunikationsmittel, als Beziehungsbrücke und als pädagogische Hilfe

»Es genügt nicht, mir Gedanken und Begriffe nur zu unterbreiten;
sie müssen eingeflochten sein in das Gewebe meines Seins,
und dies kann nur durch mein eigenes Tun geschehen.«
M.P. Follett

In der folgend dargestellten beraterischen Arbeit mit Müttern und Erzieherinnen werden Erfahrungen aus der Gruppenberatung mit Bildern vermittelt. Die Beschäftigung mit Bilderinhalten diente dazu, bei den Teilnehmerinnen einen erkennenden Prozeß in die Wege zu leiten, der von Erziehungsfragen weg- und zu Beziehungsfragen hinführte. Im Mittelpunkt dieser Arbeit stand das Kind *und* – im Wechsel – der Erwachsene.

Besonders angenehm an dieser Art zu arbeiten ist die Tatsache, daß sich über das Bild als Medium Abhängigkeiten, Projektionen und Schuldgefühle weitgehend vermeiden lassen, Autonomiebestrebungen und Intuition angeregt und eigene kreative Ressourcen spürbar werden können.

Die vorgestellte Gruppenarbeit mit bildnerischen Mitteln hat keinen therapeutischen, sondern einen präventiven Anspruch. Sie gibt sich mit kleinen Teilerfolgen zufrieden und versucht, Bedingungen dafür zu schaffen, daß die Teilnehmerinnen das Zusammenleben mit ihren eigenen und ihnen anvertrauten Kindern und mit ihren Partnern bewußter gestalten lernen, sich in ihrer Kompetenz gestärkt, mehr im Kontakt mit sich selbst und weniger fremdbestimmt fühlen können.

Die Vorgehensweise orientiert sich an der Frage nach der Bedeutung und den Beweggründen von kindlichem Verhalten und versucht, den verborgenen Sinn sprachlicher und nichtsprachlicher Äußerungen und Botschaften im zwischenmenschlichen Umgang herauszufinden. Dabei kommt dem gestalterischen Moment eine besondere Bedeutung zu.

Um eine effektive Gruppenarbeit zu gewährleisten, sollte sich Gelerntes und Erfahrenes auf das alltägliche Leben der Betroffenen auswirken. Eine Veränderung des Verhaltens kann kaum auf dem Wege der Belehrung geschehen, denn Wissen ist mehr als die Übernahme von Fakten, Wissen beruht auf Erfahrung.

Erfahrung schließt persönliche Anteilnahme, persönliches Engagement ein. Engagement entwickelt sich, wenn ein Mensch sich mit seinen Gedanken, Gefühlen und Bedürfnissen in den Lernprozeß einbringen kann, wenn eigene Betroffenheit mitschwingt. Lernen ist dann gewinnbringend, wenn das Gelernte mit den alltäglichen Sorgen und Geschehnissen der Ratsuchenden in Beziehung steht. Deshalb bezieht sich die folgende Gruppenarbeit auf alltägliche Gegebenheiten der Teilnehmerinnen, berücksichtigt ihre speziellen Bedürfnisse und Themen, greift vorhandene Erfahrungen der Gruppenmitglieder auf und regt an zum Selbst-Tätigwerden.

Im ersten Beispiel werden anhand der Entwicklung einer malenden Teilnehmerin und mit Hilfe der Zeichnungen ihres Kindes ein vielschichtiger Gruppenverlauf vorgestellt, Besonderheiten herausgearbeitet und schlüssige Interpretationsmöglichkeiten erarbeitet. Es geht um mögliche Entwicklungsverzögerungen bei dem Kind der Teilnehmerin, um kreative Anteile, die an ihre ängstliche Kontrolle gebunden waren, aber frei werden konnten, und schließlich um das Kinderbild als Kommunikationsmittel in der Gruppe und in der Familie.

Das zweite Beispiel befaßt sich mit einem Elterngesprächsnachmittag, bei dem die Zeichnung einer Mutter als pädagogische Hilfe benutzt werden konnte, um das skizzierte Erziehungsproblem zu lösen. Über das Bild der Mutter konnte eine Beziehungsbrücke zum Kind »gebaut« werden.

Verschlungen – befreit: ein Gruppenprozeß

Sieben Mütter und Erzieherinnen fanden sich in kleiner Runde zusammen, um sich an fünf Abenden über mitgebrachte Kinderzeichnungen auszutauschen. Sie verfolgten das Ziel, gemeinsam zu einem tieferen Verständnis kindlicher Ausdrucksfähigkeit zu gelangen. Die Frauen hatten sich spontan zusammengefunden im Anschluß an einen Diavortrag, in dem sie ansatzweise in die »Geheimnisse« von »Kritzel- und Urbildern« und Konfliktbildern eingeführt worden waren, wie ich sie in den vorangegangenen Kapiteln dargestellt habe.

»Ist mein Sohn ein Spätentwickler?«

Der erste Abend

Zu Beginn des ersten von fünf Abenden formulierte ich, nachdem die Teilnehmerinnen ihre Erwartungen geäußert hatten und mit dem Gruppenvertrag vertraut gemacht worden waren, auch mein Anliegen für diese Gruppe: Mir ging es darum, die Anwesenden zu unterstützen beim Erweitern ihrer Wahrnehmungsmöglichkeiten, ihnen zu helfen, sensibler und empfindsamer zu werden für die reiche Vielfalt der kindlichen Phantasiewelt und für verbal und nonverbal ausgedrückte, kindliche Botschaften. Auch sollten sie selbst die Möglichkeit nutzen, wieder an ihre eigenen schöpferischen Anteile anzuknüpfen, zu denen die meisten Erwachsenen den Zugang verloren haben. Über ihre mitgebrachten Kinderzeichnungen konnten die Frauen lernen, aufmerksamer »hineinzuschauen« und »hineinzuhorchen« in bildlich Mitgeteiltes. Aufgrund des Kurstitels »Kinderbilder sehen und verstehen« bestand die Erwartung, daß ich diese Kinderzeichnungen analysieren werde. Statt dessen vermittelte ich den Teilnehmerinnen, daß ein schematisches Interpretieren von einzelnen Bildinhalten vermieden werden sollte. Vielmehr würde im Vordergrund stehen, die Kinderzeichnung als Ausdruck einer bestimmten Entwicklungsphase, einer aktuellen Dynamik oder von unverarbeitet gebliebenen Ereignissen verstehen zu lernen. Dazu gehöre die Berücksichtigung der aktuellen Familien- und Lebenssituation, besonderer gegenwärtiger oder vergangener Lebensumstände, des individuellen Entwicklungsstands des Kindes, seiner Interessen, Begabungen, Vorlieben, Ängste und Nöte. Wenn diese Faktoren beachtet würden, signalisierte ich meine Bereitschaft, auf die mitgebrachten Bilder einzugehen. Die Experten waren in diesem Falle die Frauen selbst, sie kannten die Situation ihrer Kinder am besten.

Ich schlug vor, zur Einstimmung in unsere Arbeit mit einer kleinen gemeinsamen Mal-Übung eine Brücke zu dem schöpferischen Kind zu schlagen, das in jedem von uns mehr oder weniger versteckt lebt. Es bestand das Angebot, mit Farbe und Papier zu spielen, wie Kinder es tun – ohne Leistungsdruck, ohne den Anspruch, etwas Schönes gestalten zu müssen, ohne Bewertung. Zur Unterstützung lief eine Cassette mit Orffschen Kindertänzen. Die Teilnehmerinnen sollten sich mit ihren sichtbaren Spuren hinterher in der Gruppe vorstellen.

Nach kurzer Irritation – einige hatten sich nämlich aufs Konsumieren von Theorien und Interpretationen eingestellt – reagierten die Frauen erfreut über diesen Vorschlag. Mit wachsender Begeisterung stimmten sich die Teilnehmerinnen nun an jedem der Treffen mit kurzen gestalterischen Übungen auf die gemeinsame Arbeit ein. Im Anhang habe ich die angebotenen Themen und den Zweck der einzelnen Übungen in einem Überblick zusammengefaßt (siehe Seite 167 f.). Sie können zur Nachahmung empfohlen werden.

Esthers spontan entstandenes Bild bei der ersten Mal-Übung stellt ein Schiff mit rotem Segel auf weitem Meer dar. Sie sei richtiggehend mit den Farben auf der Musik geschwommen, habe sich tragen lassen – eine Wohltat nach einem anstrengenden Familientag!

Ihr Interesse an der Veranstaltung beruhte auf der Sorge um ihren fünfjährigen Sohn Peter, der immer noch keine »fertigen« Figuren male beziehungsweise generell nicht gerne einen Stift in die Hand nehme. Peter habe vor zwei Jahren eine schwere Krankheit durchgemacht und sei dadurch in seiner Entwicklung zurückgefallen.

Wir betrachteten die beiden Zeichnungen von Peter. Auf der einen war ein kastenförmiges Haus auf Stelzen abgebildet.

Auf der anderen hatte er sich selbst dargestellt als »Kopffüßler« mit überlangen Armen, Ball und Leiter. Ich gehe davon aus, daß diese Darstellungsweise, in der Kopf und Bauch nicht getrennt sind, einen Hinweis gibt auf eine noch ganzheitliche Wahrnehmung in diesem Alter. Peters dargestellte Figur entsprach nach dem von Bachmann veröffentlichten Schema entwicklungsmäßig dem eines etwa fünfjährigen Kindes (siehe Schema Seite 26).

Esther jedoch äußerte den Eindruck, daß es sich bei ihrem Sohn auch gestalterisch um einen Spätentwickler handle. Seine Interessen lägen woanders. Er lebe nicht so sehr in seiner Phantasiewelt. Vielmehr interessierten ihn technische Angelegenheiten, der Wettstreit mit den Freunden, das körperliche Sich-Messen. Er sei viel draußen, in Bewegung, klettere gerne, spiele Fußball und fahre Rad. Seine wenigen Bilder wirkten karg.

Der zweite Abend

Auch an diesem Abend begannen wir mit einer Malübung. Um einfühlen zu lernen, wie Kinderzeichnungen sich entwickeln können, wie sie spontan und ohne Nachdenken einfach entstehen, herausfließen, schlug ich vor, jeweils zwei lieblingsfarbige Kreiden am vorbereiteten Platz »blind« zur Musik auf einem großformatigen Papier tanzen zu lassen, zu kritzeln, zu spuren, es den Farben zu überlassen, ihren eigenen Weg zu finden. »Air« von Johann Sebastian Bach bildete einen entspannenden, musikalischen Hintergrund. Das Licht wurde ausgeknipst, die Straßenbeleuchtung erhellte den Raum ein wenig. Alle Teilnehmerinnen hielten die Augen geschlossen, tasteten sich anfangs noch unsicher übers Papier, um die Begrenzungen zu erfühlen, und kamen dann ins Schwingen, ins Fließen. Eine ruhige Stimmung breitete sich aus, Vertiefung wurde spürbar.

Als die Musik zu Ende war, konnten die entstandenen Bilder bei Licht nach Lust und Laune vervollständigt oder verziert oder auch so gelassen werden, wie sie waren. Esther verweilte lange betrachtend vor ihrer blind entstandenen Kritzelei. Plötzlich wurde es für sie darin lebendig. Ein gelber Vogel mit ausgebreiteten violetten Schwingen und eine gelbe Schlange wurden herausgearbeitet und gewannen Gestalt und Bewegung.

Esther hätte gerne wie auch andere Teilnehmerinnen der Gruppe noch weiter gemalt. Ähnlich wie am ersten Abend wurde auch nach dieser Malübung deutlich, wieviel Freude die Frauen durch das eigene Gestalten erfuhren. Gerne hätten sie mehr Zeit dafür genutzt, sich auf diese Weise zu entspannen. Es tat gut, einmal ohne Streß und Hektik zu sich zu kommen, Zeit nur für sich selbst zu haben.

Sinn dieser Malübung war neben der entspannenden Komponente aber vor allem der emotionale Zugang zum Entstehen eines Kinderbildes: Kinder malen oftmals etwas anscheinend »Sinnloses«, was unseren Bewertungsmaßstäben selten standhält. »Was soll denn das darstellen? Krickel-Krackel, Babymalen…!«

Beim kleineren Kind steht häufig einfach die Lust an der Bewegung, am Spuren-Hinterlassen hinter dem wertfreien Gestalten, aus dem etwas Unerwartetes entsteht, etwas, das sich verändert, wächst, sich erneut verwandelt. Plötzlich erlangt etwas anscheinend »Sinn-loses« möglicherweise wesentliche Bedeutung. Manchmal suchen sich einfach nur Stimmungen und Befindlichkeiten ihren Weg auf dem Papier oder Angestautes findet ein Ventil.

Mit dieser Malübung verband ich auch den Wunsch, daß die Teilnehmerinnen der Gruppe ihre eigenen Bewertungsmaßstäbe überprüften und zukünftig ihre Kinder wirklich mit Farben *spielen* ließen in der sicheren Bewußtheit, daß diese etwas für sich tun, auch wenn die Erwachsenen im Endprodukt tatsächlich keine speziellen Inhalte, sondern »nur« ein Gekritzel wahrnehmen können.

Esther hatte an diesem Abend wieder eine Zeichnung von Peter mitgebracht. Sie fragte, ob ihr Sohn das Hausfundament möglicherweise deshalb vergittert gemalt habe, weil er sich gefangen fühle. Obwohl sie nicht das Gefühl habe, ihn einzuengen, könne sie sich nicht erklären, warum er diese »Gefängnisstruktur« gewählt habe (siehe Bild Seite 137).

Esther äußerte die Befürchtung, daß sie aufgrund von Peters Lebensgeschichte versuche, ihn als Sorgenkind zuviel zu beschützen, ihn dabei aber möglicherweise in seinem Streben nach Selbständigkeit behindere und einenge. Von sich selbst sagte sie, daß ihr das »Loslassen« generell Probleme bereite, egal, ob es sich nun um das Loslassen ihrer besorgten Gedanken, ihres Kindes in die Selbständigkeit oder um das entspannende Loslassen ihrer selbst handeln würde, obwohl sie ein großes Bedürfnis danach habe. Wieder wurde ihre Sorge um Peters mögliche Entwicklungsverzögerung

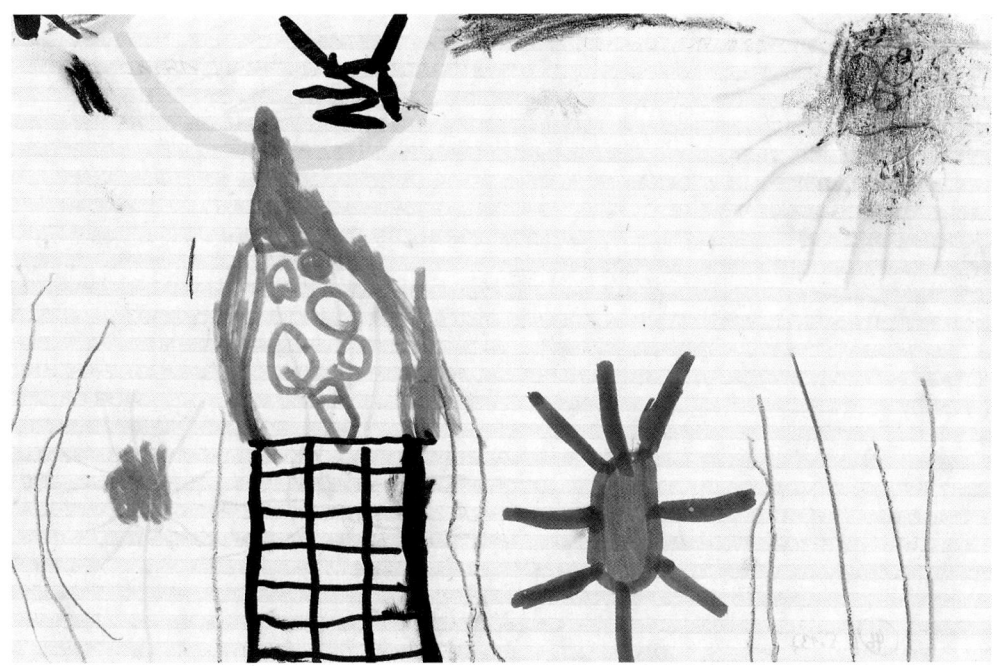

zum Gesprächsthema. Wir erfuhren, daß er dreijährig auf Grund seiner Krankheit viele Wochen im Krankenhaus verbringen mußte und dort zeitweilig in einem Zustand zwischen Leben und Tod geschwebt hatte. Nach dem Klinikaufenthalt war er auf den Entwicklungsstand seiner einjährigen Schwester zurückgefallen. Er mußte wieder neu laufen und sprechen lernen. In den letzten beiden Jahre hatte er nun mit einer ungeheuren Anstrengung alle Entwicklungsschritte nachzuholen versucht, um seinen Altersgenossen in nichts nachzustehen. Auf diesem Hintergrund wird sein besonderes Interesse, sich ständig mit seinen Freunden zu messen, ebenso verständlich wie Esthers Sorge um seine gesunde und altersentsprechende Entwicklung.

Bezugnehmend auf Bachmanns Ausführungen schauten wir uns die von Peter derzeit bevorzugten gestalterischen Strukturelemente in seinen Zeichnungen an: »Damit das Kind stehen lernen kann, benötigt es anscheinend auch beim Zeichnen vielerlei Hilfsmittel, die ihm seinen Körper als ein zur vertikalen Aufrichtung tragfähiges Instrument begreiflich machen. So treten in der Darstellung Formelemente auf, die die schwebenden und landenden Figuren begleiten und die man Gitter, Leitern oder Gräten nennen könnte, also horizontal-vertikale Verstrebungen von Linien, die das zunehmende räumliche Bewußtsein stärken. Zudem bedeuten sie auch strukturelle Stärkung, wie ja auch das Gerippe im Körper als inneres Gerüst Halt bietet.« In Peters erstem Bild fand sich eine Leiter, seine Figur schien gerade im Landen begriffen zu sein. Sein Haus schwebte nicht mehr zwischen Himmel und Erde, seine Pflanzen zeigten einen klaren »Standpunkt«. Haus und Mensch erhielten stabilisierende Formelemente (Leiter und Gitter), die typischerweise in der Übergangsphase von der vorfigurativen zur figurativen Gestaltung gehäuft auftreten. Bezogen auf die beschriebenen Aspekte kindlicher Mal- und Persönlichkeitsentwicklung im Kapitel über die Bedeutung des Kritzelns (siehe Seite 25 ff.) läßt sich eine Parallele ziehen zu einer früheren Entwicklungszeit, die als die »Übungsphase« bezeichnet wird (Mahler). Ihre bis zu diesem Zeitpunkt in der Beziehung zur Mutter oder Bezugsperson gewonnene Sicherheit gibt den Kindern die Möglichkeit, sich mit der näheren und weiteren Umwelt neugierig auseinanderzusetzen. In dieser Zeit erwerben sie durch unermüdliches Üben die aufrechte Haltung und lernen das Laufen.

Peter schien auf der Bildebene diese Phase frühkindlicher Entwicklung, die er tatsächlich zweimal durchleben mußte, im Alter von fünf Jahren noch einmal gestalterisch zu aktivieren, wie um diese auf einer neuen Bewußtheitsebene zu stabilisieren.

Der dritte Abend

Das Treffen begann mit einer kreativen Partnerübung, bei der nur bildlich »gesprochen« werden durfte. Jeweils zwei Teilnehmerinnen bemalten ein gemeinsames, DIN-A2-großes Papier. Esther und Monika wählten sich als

Partnerinnen und entschieden sich für Wasserfarben. Jede der beiden Frauen gestaltete im wesentlichen ihren eigenen Bereich, »Übergriffe« fanden im Gegensatz zu einem anderen Paar, das sich lange kannte, hier nur zaghaft statt. Monika entwarf auf »ihrer« Blatthälfte in gelb-bräunlichen Pastelltönen einen südlich wirkenden Hafenort mit Palmen und Sandstrand. Esther fügte ein kräftig-blaues Meer an, auf dem in weiter Ferne wieder ein kleines Segelschiff zu erkennen war. Am Himmel kreiste auch hier ein zarter Vogel auf großen Schwingen. Thematisch und farblich paßten die beiden ineinander übergehenden Bildhälften gut zusammen. Urlaubsstimmung wurde darin ausgedrückt, der Wunsch nach Weite, Ruhe, Entspannung, nach Wärme, Leichtigkeit und Getragensein.

Esther hatte wieder eine Kinderzeichnung von Peter mitgebracht. Sie drückte ihre Begeisterung über das »Blindmalen« beim vergangenen Tref-

fen aus. Diese Erfahrung hatte sie mit ihren beiden Kindern zu Hause umgesetzt und war glücklich über das Ergebnis: Nachdem Peter bisher lediglich widerwillig, karg und fast nur nach Aufforderung und auch dann mit wenig Konzentration gemalt habe, sei er beim »blinden Musikmalen« völlig aufgeblüht. Peters großflächiges Bild wirkte zart, bunt, lebendig, bewegt. Nach dem Öffnen der Augen habe Peter ein Meer auf seinem Zeichenblatt entdeckt und sich an den letzten gemeinsamen Urlaub erinnert. Er plaziert sich und seine Schwester schwimmend im Wasser. In der Ferne sind Segelschiffmasten zu erkennen. Ein »Himmelsbogen« scheint die Szenerie zu beschützen. Ganz in der Ferne, in der rechten oberen Ecke des Blattes, findet die Sonne ihren Platz (siehe Bild Seite 139). Für Esther war es erstaunlich, daß Peter plötzlich – das erste Mal – aus der Fülle der angebotenen Farben schöpfte und sich ausdauernd und mit viel Freude ans Werk machte. Auch für ihn stellte diese Art des Gestaltens offensichtlich eine besondere Erfahrung dar. »So ein tolles Bild…«, habe er ständig wiederholt. Die Zeichnung wurde gerahmt und erhielt auf Peters Wunsch einen Ehrenplatz über dem Eßzimmertisch. Dort konnte sie täglich von der ganzen Familie bewundert werden.

Das Medium »Musik« schien für den Jungen, aber auch für seine Mutter eine besondere Bedeutung gewonnen zu haben, um gestalterisch »in Bewegung, in Fluß« zu kommen.

Der vierte Abend

Diese Zusammenkunft begannen wir mit einer frei erfundenen »Gruppen-Phantasie-Erzähl-Mal-Geschichte« auf einem schultafelgroßen Papierbogen. Eine heitere und gelöste Atmosphäre breitete sich aus, ich fühlte mich zwischendurch wie eine Lehrerin auf dem Schulausflug mit einer Klasse ausgelassener, halbwüchsiger Mädchen.
Inhaltlich ging es um eine schöne Musik, um ein großes, hörendes Ohr,

um vom Baum fallende Herbstblätter, die vom Gärtner kompostiert werden, um eine Raupe im Kompost auf der Suche nach Nahrung, um das Verwandeln von Kompost in fruchtbare Erde, um eine Schulklasse mit einem Baby, deren Lehrer die Raupe findet, um die herum voller Freude getanzt und gelacht wird und die sich schlußendlich in einen Schmetterling verwandelt und davonfliegt. Daß sich Kinderzeichnungen ohne ein vorher bestimmtes Thema spontan, von einer Assoziation zur anderen wachsend, entwickeln können, konnten sich die Teilnehmerinnen der Gruppe nun gut vorstellen.

An diesem Abend brachte Esther wieder ein Bild von Peter mit. Sie habe es aufgrund ihrer im Kurs gesammelten Erkenntnisse als existenziell wichtige Mitteilung verstanden!

Peter habe einige Tage zuvor im Kindergarten plötzlich einem inneren Impuls folgend eine Ähre vom Erntedankstrauß abgebrochen und in ein selbstgestaltetes Papier als Geburtstagsgeschenk für seinen Vater eingepackt. Auf dem gemalten Geschenkpapier war ein Bogen abgebildet, unter dem Peters Vater stand, »strahlend wie eine Sonne« (Esther). Auf Esther wirkte die kleine graue Sonne am linken oberen Bildrand so, als versuche sie, ihren Mann zu erreichen (siehe Bild Seite 142).

Esther erzählte vom Umbruch in ihrer momentanen Familiensituation. Ihr Mann wolle den elterlichen Betrieb verlassen und sich beruflich auf eigene Füße stellen. Schwierigkeiten mit seinen Eltern haben zu dem Entschluß geführt, mit seiner Familie aus dem heimatlichen Wohnort wegzuziehen. Die durch diese Situation bevorstehenden Veränderungen belasteten und verunsicherten Esther erheblich. Sie erzählte, daß sich ihr Mann zurückgezogen habe; Gefühle könne er nur begrenzt zulassen, sei in dieser Hinsicht immer schon zurückhaltend gewesen. Esther habe sich in letzter Zeit allein gefühlt, sei in sich und ihre Gedanken verstrickt und habe wenig Kontakt zu ihrem Mann. Sie reagierte auf sein »Abschotten« gekränkt und enttäuscht mit Rückzug.

In Peters Bild nun fand sie im schützenden Bogen die Botschaft ausgedrückt, daß ihr Mann für sein Vorhaben, sich von Eltern, Betrieb und Heimatort zu trennen, Schutz und Rückhalt brauche in der Familie. Über Peters Geburtstagsgeschenk – das Bild und die Ähre – kamen endlich intensive Gespräche zwischen Esther und ihrem Mann in Gang, in denen auch er sich öffnen und über seine Empfindungen sprechen konnte. Inhaltlich ging es bei diesen Aussprachen, ausgelöst durch das Symbol der Ähre als ein Zeichen für Reifung, Wachstum, Fruchtbringen, um den späten Ablösungsschritt ihres Mannes vom Elternhaus und um den Wunsch nach Unterstützung durch seine Familie, ausgedrückt im Symbol des Bogens in Peters Zeichnung. Sicherlich könnten auch andere Interpretationen, bezogen auf die lebensgeschichtlichen Erfahrungen des Kindes, schlüssig angestellt werden. Jedoch wurde Peters Bild von Esther wahrgenommen als Möglichkeit, in der aktuellen Dynamik ihrer Partnerschaft die blockierte Kom-

142

munikation zu durchbrechen, die sich belastend auf die gesamte Familie ausgewirkt hatte.

Das Kinderbild als Medium zur Kommunikation zwischen Eltern und Kind beziehungsweise zwischen den Eltern und innerhalb der Familiengruppe wurde Inhalt des abschließenden Gesprächs an diesem Treffen. Die Feinfühligkeit der kindlichen »Antennen« und die wertvollen, nonverbalen Mitteilungen im Kinderbild, die aufgrund einer Sensibilisierung der mütterlichen Wahrnehmung für Botschaften aus der Kinderseele verstanden werden konnten, fanden noch einmal besondere Beachtung im Gruppengespräch. Beeindruckt zeigten sich die Frauen davon, daß durch ein kleines Bildergeschenk der blockierte Kontakt der Eltern wieder in Gang kommen konnte.

Als Wunsch für unsere letzte Zusammenkunft baten mich die Frauen, alle möglichen Farben und Malgründe zum Ausprobieren mitzubringen. Sie wollten neben einer intensiven Reflexionsphase über unsere gemeinsame Arbeit zum Schluß auf alle Fälle selbst noch einmal malen.

Der fünfte Abend

Für das letzte Treffen bereitete ich jeweils einen Platz mit Wasserfarben, Aquarellfarben, Kohle, Ölpastellkreiden, italienischen Erdfarben, Wachskreiden und Buntstiften zum Auswählen vor. Damit jede Teilnehmerin mit jedem Material in Berührung kommen konnte, ließ ich nach jeweils etwa fünf Minuten eine Klangschale als Zeichen zum Platzwechsel ertönen. Siebenmal wurde gewechselt, so daß jede an jedem Bild beteiligt war und am Schluß die selbst begonnene Zeichnung vollenden und als Gruppengeschenk mitnehmen konnte.

Esther wählte Holzbuntstifte. Sie begann mit einem Stückchen Erde in der unteren linken Ecke und gestaltete neben einigen Pflanzen eine Mäusemutter mit ihren beiden Kindern bis zum Wechsel des Platzes. Als sie am

143

Schluß der Malaktion zu ihrem Bild zurückkam, hatte es sich erheblich verändert: Ein Fesselballon mit einer winkenden Passagierin flog in der Mitte des Bildes, ein kurviger Weg teilte das Blatt in der Diagonalen, Vögel, ein Dorf mit Kirche und Häusern und ein Wald waren hinzugekommen.

In der abschließenden Reflexionsrunde berichtete auch Esther über ihre Erfahrungen bei unseren Treffen: »…Gut fand ich, daß in den Bildern nichts festgelegt wurde – kein Schubladendenken –, sondern daß vor allem die Situation des Kindes berücksichtigt wurde. Beim Besprechen ist schon mal ne Deutung drin, aber eine individuelle, auf das Kind bezogene. Das ist dann ›bedeutend‹. Wichtig ist für mich auch geworden, daß in einem Bild alles möglich ist, daß zum Beispiel ein schwarzes Bild nicht gleich was furchtbar Schlimmes heißen muß, sondern daß es da vielleicht einfach Nacht geworden ist in der Bildgeschichte. Und was auch wichtig ist, daß ein Symbol mehrere Gesichter haben kann… Meine große Sorge war ja am Anfang, daß Peter entwicklungsverzögert ist durch seine Krankheit damals. Mein ganzes Augenmerk war nur noch darauf ausgerichtet: Entwickelt er sich richtig? Der Kurs hat mir das Vertrauen gegeben, Peter ›freizulassen‹. Jetzt habe ich das Gefühl, daß er das macht, was er braucht, und dabei möcht' ich ihn unterstützen…«

Esther nimmt noch einmal Bezug zu Peters Ährenbild: »Ich hatte schlagartig gespürt, daß Peter da nicht nur seinen Papa gemalt hat, sondern etwas ›Inneres‹. Er hat in meinen Augen die momentane Situation dargestellt: das psychische Problem, raus aus der Abhängigkeit, etwas Eigenes erst mal finden, aber auch viel zu verlieren, wo mein Mann jetzt Schutz braucht, das hab ich in Peters Geschenk gespürt. Die Ähre: Jetzt wachse und reife! Der Bogen, den er braucht, die Sonne, die weit weg ist und grau. Dieses Bild hat mir viel gegeben. Ich hätte ohne den Kurs vielleicht das mit der Ähre gespürt, aber das mit dem Bogen als Symbol des Schutzgebens nicht. Und gerade das ist es, was Jürgen (Mann) jetzt braucht. Das hat mich sehr berührt, weil ich gespürt habe, daß das Kind da etwas mitträgt in der

Familie. Es waren schlimme Zeiten für meinen Mann und mich. Ich war zum Teil sehr verzweifelt. Peter hat mir mit dem Bild geholfen, Jürgen zu sehen, weil er so wenig mitteilt. Er sagt nicht, wenn es ihm schlecht geht und wenn er Unterstützung braucht. Es ist für mich wichtig, ihn einmal schutzbedürftig zu sehen, zu sehen, daß er den Bogen braucht, das war wichtig. Das hab ich hier mitbekommen. Das Bild war für mich so, als ob mein Mann sagen möchte: Ich brauch' euch, was er aber in Wirklichkeit nicht sagen kann. Das hat Peter für ihn ausgedrückt und auch mir mitgeteilt.« (Tonbandaufzeichnung)

Zu Peters Häusern fiel ihr noch ein: »Jetzt ist mit klar geworden in unserer Situation: Unser ›Familienhaus‹ braucht ein stabiles Gerüst – das erste Haus stand noch wackelig und wie auf Stelzen, das zweite hat ein Gerüst!«

Betrachtungen und Ergebnisse

Esthers Familiensituation war zum Zeitpunkt des Kurses geprägt von der Ablösungsthematik ihres Mannes. Er hatte sich entschlossen, nicht wie beabsichtigt den Betrieb seiner Eltern zu übernehmen, sondern sich aus der Abhängigkeit von ihnen zu befreien, um seinen eigenen Weg zu suchen.

Esther konnte am vierten Abend diese Problematik mit Hilfe von Peters »Ährenbild« in die Gruppe hineintragen und über die belastende und verunsichernde Situation berichten, die erschwerenderweise auch noch mit einem emotionalen Kontaktabbruch zwischen ihr und ihrem Mann verknüpft war. Auch konnte sie über die bei ihr ausgelösten Gefühle der Einsamkeit und den damit verbundenen deprimierenden Verstimmungen sprechen, aus denen sie sich nicht alleine hatte befreien können sowie über ihr »Gedankenkarussell«, das sie nicht mehr losließ. Bisher war Esthers zentrales Thema in der Gruppe die Sorge um Peters Verzögerung in seiner

Entwicklung aufgrund seiner schweren Erkrankung gewesen. Auch diese Besorgnis hatte Esther über die Maßen beunruhigt und belastet.

In der Gruppe nun konnte sie von Anfang an durch das Malen zur Musik loslassen, sich entspannen, sich treiben und tragen lassen – auf der Bild-ebene symbolisch im kleinen Segelschiff auf großem Meer ausgedrückt. Sie kam ins »Fließen«, die Gedanken hörten auf zu kreisen. Dies erschien mir neben dem Eindruck, daß es sich hier um ein einsames, »uferloses« Bild handelte, auf dem »kein Land in Sicht« war, eine wichtige Mitteilung. In einer therapeutischen Situation hätte ich vielleicht nach einer Anlege-stelle, einem Hafen, einer Insel gefragt, nach Leben im Wasser oder in der Luft. Nachdem diese Abende eine beratende und keine therapeutische Funktion erfüllten und Esther eine positive Gelöstheit ausstrahlte, ließ ich ihre Aussagen einfach stehen und stieg nicht tiefer ein.

Auf ihrem blind zur Musik gekritzelten Bild, in dem sie anschließend die darin entdeckten Formen ausgemalt hatte, wurde eine aus einem Kritzel-knäuel sich entwirrende Schlange und ein noch nicht vollständig »entfes-selter« Vogel auf großen Schwingen herausgearbeitet. Er steigt empor – zwar zurückblickend, von der Flugrichtung her jedoch gegenwarts-bezie-hungsweise zukunftsorientiert (siehe Bild Seite 135). Ein gutes Zeichen!

Gerne hätte Esther noch weiter gemalt, die Zeit erschien ihr viel zu kurz. Wieder konnte sie sich beim Gestalten ganz der sich ausbreitenden, gelösten Stimmung hingeben, kritzelnd verschlungene Wege spuren, um sie dann mit geöffneten Augen wieder zu entwirren.

Diese Erfahrung trug Esther begeistert in ihre Familie hinein. Sie wieder-holte die Mal-Übungen zu Händels »Wassermusik« mit ihren beiden Kindern gleich an nächsten Morgen.

Frei von dem sonst auf ihm lastenden Druck, beim Malen kontrolliert zu werden, ob es altersentsprechend ausfällt, ließ auch Peter sich erfreut auf dieses neue »Spiel mit Farben und Musik« ein. Er gestaltete sich mit seiner kleinen Schwester in Erinnerung an den letzten Urlaub, eintauchend in ein farbenprächtiges Meer unter einem gewölbten Himmel, bestrahlt von einer weit entfernten Sonne.

Peter, dessen Bilder zuvor durch ihre Kargheit und Farblosigkeit auffielen, der keine Freude und auch keine Ausdauer beim Malen zeigte, war plötzlich begeistert bei der Sache, entspannt und gelöst. Was war geschehen? Esther konnte in der Gruppe durch ihre Bereitschaft, sich in den Mal- und Gruppenprozeß einzulassen, sich auch der in Peters Bild ausgedrückten bunten und phantasievollen Seite öffnen. Sie war nun in der Lage und bereit, sich von ihrem defizitorientierten Denken zu lösen und Vertrauen in Peters eigenen Entwicklungsrhythmus zu gewinnen. Dadurch verringerte sich der emotionale Druck, der auf ihm lastete. Die »sich selbst erfüllende Prophezeiung« (Peter sei zurückgeblieben) erhielt keine Nahrung mehr und löste sich in bezug auf die Malentwicklung in diesem Moment auf. Ein mit positiven Gedanken gefüllter »Beziehungs-Zwischenraum« war hier entstanden, aus dem heraus sich Peter nun frei, phantasievoll und kreativ entfalten konnte. Die Parallele dazu ist Esthers Vogel, der seine Flügel ausbreitet und sich entfesselnd erhebt.

Dieser befreite Zwischenraum, der zuerst *in* Esther während des Malens nach Musik und hernach *zwischen* Mutter und Kind entstehen konnte, schaffte dann *für Peter selbst* einen inneren Freiraum, der ihm zuvor nicht zur Verfügung gestanden hatte.*

In Esthers drittem Bild erschien wieder das Meer; auch das kleine Segelschiff und der jetzt freie Vogel tauchten auf – diesmal allerdings in neuem Zusammenhang: Monika hatte bei dieser Partnerübung ihren Bildanteil zu einem südlichen Hafenort ausgestaltet, mit Erholungsstätten unter Palmen und einer Anlegestelle für Esthers Boot, ohne in deren Bildteil einzudringen.

---

* Zu denken ist hier auch an den von Winnicott so bezeichneten »intermediären Erfahrungsbereich«, der für die Entfaltung der Kreativität eine elementare Voraussetzung ist und sich direkt aus dem Spielbereich kleiner Kinder entwickelt, die in ihr Spiel »verloren« sind.

Insgesamt bildeten die beiden Teile ein harmonisch ineinander übergehendes Ganzes. Hier kam nun durch Esthers Mal-Partnerin Land in Sicht!

In der Gruppenphantasiegeschichte am vierten Abend beschäftigte sich Esther vor allem lustvoll mit Wachstums- und Verwandlungsprozessen (Raupe – Schmetterling). An diesem Abend hatte sie ihre sonst recht scheue, zurückhaltend gebremste Haltung nahezu aufgegeben.

Esther selbst begann bei ihrem letzten Bild mit einem Stückchen fruchtbarer Erde, eine Muttermaus mit ihren zwei Kindern fand Platz in der linken unteren Ecke. Auf ihrem Bild gestalteten die Teilnehmerinnen des Kurses das Gruppenthema: das »Loslassen«, Abschiednehmen! Ein fliegender Fesselballon befand sich genau im Zentrum der Zeichnung mit einer winkenden, weiblichen Person an Bord. Nun hatten die »Fesseln« eine tragend-haltende Funktion bekommen. An diesem Abschiedsabend waren wir zu siebt – sechs Teilnehmerinnen und ich. Sechs schwarze Vögel auf der rechten und einer auf der linken Bildseite – optisch getrennt durch den Weg – begleiteten den Ballon, sechs Häuser und eine Kirche (Gebäude können symbolisch für Familien stehen) erscheinen am zukunftorientierten rechten, oberen Bildrand (siehe Bild Seite 149).

Das Sich-Lösen (der Ballon von der Erde, die zum Abschied winkende Person) sowie das befreite Getragen-Sein (im Korb) wurde noch einmal – symbolisch ausgedrückt als gemeinsame Erfahrung auf der Bildebene – zum Gruppenthema. Die Position der Person im Bild (im Korb) eröffnete die Möglichkeit einer veränderten Wahrnehmung und Sichtweise. Die neue Perspektive (Vogelperspektive) zeigte Abstand zu den Dingen, zeigte Überblick und Weitblick.

Für Esther könnte dieses letzte Bild bedeuten: Nun ist zwar Land in Sicht, aber der Landeplatz ist noch nicht ausgemacht. Dies würde ihrer momentanen Lebenssituation entsprechen. Sie wußte zu diesem Zeitpunkt noch nicht, wo ihre Familie »landen« würde (neuer Arbeitsplatz des Mannes, Orts- und Wohnungswechsel, neuer Kindergarten für Peter).

Auch mit Esthers »Da-sein« in der Gruppe ließe sich auf der Bildebene eine Beziehung herstellen: Sie hatte sich mit ihren Themen in den Mittelpunkt des Geschehens stellen können, hatte sich tragen und treiben lassen von der Musik, den Farben, der Atmosphäre – kurz: von der Gruppe. Sie konnte loslassen, sich öffnen, sich mitteilen, Erfahrungen und Erkenntnisse aneinander und miteinander sammeln und diese in ihre Familie hineintragen mit dem Ergebnis, daß es wieder, ausgelöst durch Peters Bild, Anknüpfungspunkte gab in der abgebrochenen, emotionalen Kommunikation innerhalb ihrer Partnerschaft. Gefühle wurden wieder kommunizierbar.

In dem Schema auf den beiden folgenden Seiten habe ich die Erfahrungen und Erkenntnisse, wie sie sich in der beschriebenen Gruppenarbeit ereigneten, kurz zusammengefaßt.

Erfahrungs- und Erkenntnisprozeß der Mütter und Erzieherinnen über das Bild als Medium

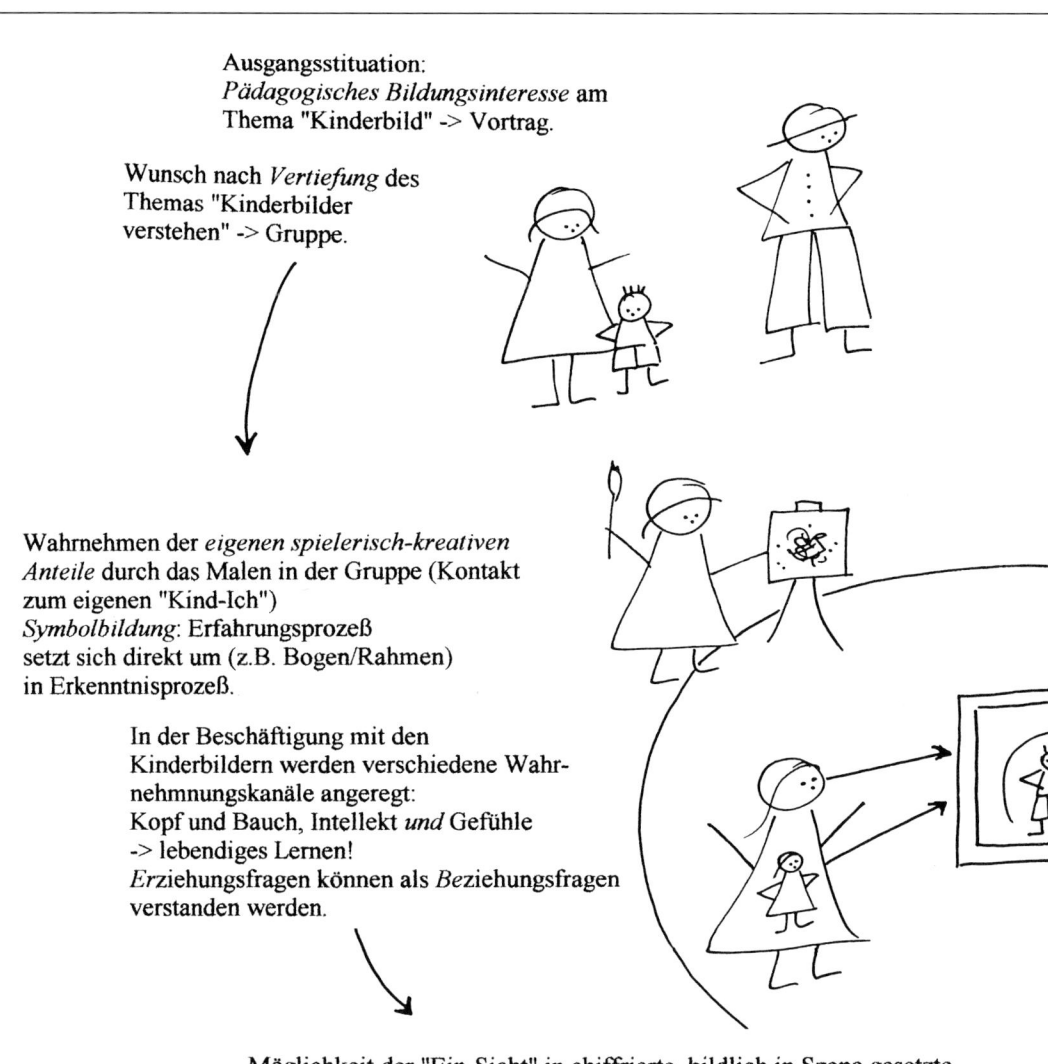

Ausgangsstituation:
Pädagogisches Bildungsinteresse am
Thema "Kinderbild" -> Vortrag.

Wunsch nach *Vertiefung* des
Themas "Kinderbilder
verstehen" -> Gruppe.

Wahrnehmen der *eigenen spielerisch-kreativen*
Anteile durch das Malen in der Gruppe (Kontakt
zum eigenen "Kind-Ich")
Symbolbildung: Erfahrungsprozeß
setzt sich direkt um (z.B. Bogen/Rahmen)
in Erkenntnisprozeß.

In der Beschäftigung mit den
Kinderbildern werden verschiedene Wahr-
nehmnungskanäle angeregt:
Kopf und Bauch, Intellekt *und* Gefühle
-> lebendiges Lernen!
Erziehungsfragen können als *Beziehungsfragen*
verstanden werden.

Möglichkeit der "Ein-Sicht" in chiffrierte, bildlich in Szene gesetzte,
konfliktbehaftete Beziehungsdynamik (z.B. Geschwisterrivalität,
Kommunikationsprobleme).
"Aha-Erlebnisse" = neue Sinnverbindungen befruchten
die Beziehung zwischen Mutter und Kind.

Mögliche *Rückwirkung* in die Familien hinein durch
Änderung von Einstellungen und Haltungen, Austausch
und Kommunikation über "verstandene" Bilder.

Förderlicher Einfluß der neuen Erfahrungen auf
die Sozialisationsbedingungen der Kinder zum Beispiel
durch neue "Ein-Sichten", Verständnis, Unterstützung,
Wertschätzung der Erwachsenen.

Mütterliche Loslösungsprozesse werden angeregt,
das Kind kann als eigenständige Persönlichkeit wahrgenommen
werden, eigene *und* kindliche Bedürfnisse werden zugelassen.

Befreite kreative Kräfte

Peters erste drei Bilder strahlen durch ihre Kargheit wenig Lebendigkeit aus, die beiden folgenden dagegen zeigen eine deutliche Veränderung. Peters kreatives Potential wird am dritten Abend sichtbar, seine ausgeprägte Sensibilität für zwischenmenschliche Probleme und familiäre Spannungen im Bild spürbar. Der symbolisch in Szene gesetzte Inhalt kann in seinem Mitteilungscharakter nun nach einer Phase der eigenen Sensibilisierung von seiner Mutter verstanden und für die Wiederaufnahme der blockierten Kommunikation zu ihrem Partner benützt werden. Auf dieser Ebene kann das Bild als Kommunikationsmittel verstanden werden.

Welche Verstehenszusammenhänge lassen sich nun herleiten in bezug auf das Phänomen: Die Mutter läßt los (ihre besorgten Gedanken, ihre ängstliche Kontrolle, sich selber beim Malen) – die kindliche Kreativität äußert sich befreit?

Gehen wir von der im Kapitel »Gestalterische Entwicklungsschritte in der vorfigurativen Phase« (siehe Seite 28 ff.) vorgestellten Annahme aus, daß das malende Kind frühere Phasen seiner Entwicklung auf einer neuen Bewußtseinsebene wiederbelebt und bildlich in Szene setzt, um sie auf einer neuen Entwicklungsstufe zu stabilisieren, stoßen wir bei Peter auf interessante Zusammenhänge: Seine Bilder zeigen sich in einem Übergangsstadium von der vorfigurativen zur figurativen Phase. Dort verweilt er, laut Aussage der Mutter, seit längerer Zeit. Die Zeichnungen haben sich seit seiner Krankheit vor gut einem Jahr nicht wesentlich geändert und sind noch stark geprägt von Formen wie den »gerichteten Tastfiguren«, die sich inzwischen im Raum orientiert haben und sich langsam zu auf dem Boden »gelandeten« Kopffüßlern und Blumen entwickeln. Häuser werden auf Stelzen und Gitterfundamenten konstruiert.

Wie ist es nun zu verstehen, daß Peter gerade in *dieser* Phase seiner Malentwicklung besonders lange verweilt?

Nach dem von Bachmann aufgestellten Schema (siehe Seite 26) besteht keine Veranlassung zur Beunruhigung, daß Peters Malentwicklung »normabweichend« verzögert sei. Auch seine körperliche, soziale und geistige Reife scheint, laut Aussage seiner Mutter, altersgemäß entwickelt. Trotzdem erregen die ersten drei von Esther mitgebrachten Kinderbilder aufgrund ihrer reduzierten Farb- und Formgebung Aufmerksamkeit.

Aus Peters Krankengeschichte ist bekannt, daß er durch seine Erkrankung auf eine frühe Stufe seiner Entwicklung zurückgefallen war. Dreieinhalbjährig mußte er nach einem sechswöchigen Aufenthalt im Krankenhaus noch einmal laufen und sprechen lernen. Seine Mutter, eine ehemalige Kinderkrankenschwester, begleitete ihn Tag und Nacht durch diese schwere Zeit. Zehn Tage lag Peter im Koma – es ging um sein Leben. In der Zeit nach dem Erwachen aus der Bewußtlosigkeit war sein Sprach- und Bewegungszentrum kurzfristig vollständig gelähmt. Die Kommunikation mit der Mutter ähnelte der im frühen Säuglingsalter: Ein intensiver Blickkontakt und »die Sprache des Herzens« wurden zum wichtigsten Verständigungsmittel.

Eine besonders innige Beziehung auf der emotionalen Ebene entstand in dieser Zeit, in der, so nehme ich an, besonders sensible Wahrnehmungskanäle geöffnet waren, die nur in Krisenzeiten zugänglich sind.

Esther erzählte, daß sie – nachdem Peters Leben über einen längeren Zeitraum so bedroht gewesen war – an einen Punkt gekommen sei, an dem sie plötzlich bereit war, ihr Schicksal, egal wie es sich entscheiden würde, anzunehmen. Es sei eine intensive Erfahrung des »Loslassens« gewesen.

Eine halbe Stunde später hätte Peter – das erste Mal nach zehn Tagen – die Augen geöffnet, und ihr war klar: Jetzt hat er es geschafft!

Nach der Entlassung aus der Klinik glich Peters Entwicklungsstand dem seiner elf Monate alten Schwester. Mit Unterstützung von Krankengymnastik und Beschäftigungstherapie und durch unermüdliches Üben gelang es Peter innerhalb von zwei Jahren, den Entwicklungsstand seiner Altersgenossen annähernd zu erreichen. Esthers Besorgnis und ängstliche Wachsamkeit in bezug auf Peters Entwicklung ist aus diesem einschneidenden Ereignis heraus gut zu verstehen.

Hier wird deutlich, warum Peter auf der oben beschriebenen Stufe seiner Malentwicklung verharrte: Für ihn bedeutete die Erkrankung einen allumfassenden Einbruch in sein Entwicklungsgeschehen. Er mußte in Rekordgeschwindigkeit ein zweites Mal die Entwicklung eines Kindes von der Geburt bis zum fünften Lebensjahr wiederholen, wobei *das Üben* des Laufens und Sprechens zur Aufnahme der Kommunikation mit seiner Umwelt und die Abgrenzung von ihr eine besondere Rolle spielte. Diese existentielle Erfahrung schien er nun auf einer neuen (Vor-)Bewußtseinsebene gestalterisch wiederzubeleben und im Versuch, diese zu verarbeiten, zu verharren. Von dieser beginnenden Fixierung befreien konnte er sich erst in dem Augenblick, als sich seine Mutter ihrerseits von ihrer Besorgnis lösen und ihre ängstliche Kontrolle über ihn (entwickelt er sich richtig?) aufgeben konnte. Seine schöpferische Kraft – zuvor gebunden an Esthers Angst – spurte sich plötzlich im Zustand »freischwebender Aufmerksamkeit«, unterstützt durch das Medium Musik und durch die gelöste Haltung seiner Mutter, ihren Weg auf einem farbenfrohen Meeresbild. Esthers geweckte Begeisterung für das blinde, entspannende Musikmalen hatte sich auf Peter übertragen.

Vorausgegangen war eine intensive Beschäftigung mit dem Problem des »Loslassens« bei Esther in bezug auf ihre besorgte Kontrolle; bei Peter spielte sich die Auseinandersetzung auf der gestalterischen Ebene ab im Wiederbeleben und Verarbeiten einer Entwicklungsphase, die er durch das einschneidende, traumatische Erlebnis seiner Erkrankung zweimal durchleben mußte. Das Problem, welches unbewußt zur Verarbeitung drängte, wurde in Szene gesetzt. Bei Esther war es das Problem des Loslösens – sie hatte sich ein zweites Mal mit Peter auf eine symbiose-ähnliche Beziehung einlassen müssen und hielt nun in mütterlicher Fürsorge und kontrollierender Besorgnis daran fest. Auch Peter setzte sein Festhalten an einer bestimmten Stufe seiner Malentwicklung in Szene auf der bildhaften Ebene. Durch das Blindmalen nach Musik löste sich bei beiden »Festgehaltenes«; kreatives Potential wurde frei.

Stop den Klaps – Erziehung durch Beziehung

Acht Mütter eines konfessionellen, ländlichen Kindergartens baten mich, Elterngesprächsnachmittage zu Erziehungsfragen anzubieten. Die Frauen waren interessiert an einer fortlaufenden Gruppe in gleicher Besetzung; eine offene Gruppe erschien ihnen zu unverbindlich. Damit trugen sie ihrem Bedürfnis Rechnung, sich in einem vertrauten Kreis auch über intimere Angelegenheiten austauschen zu können. In einem Vorgespräch stellten wir die gewünschten Themen zusammen. Auch hier bezog ich kleine gestalterische Übungen mit Ton, Kreiden und anderen Materialien mit ein.

Der achte Nachmittag sollte sich mit »Elternunarten bei unartigen Kindern« befassen. Für dieses brisante Thema stellte ich gleich zu Anfang die Aufgabe, ein DIN-A3-Blatt einmal zu falten und auf der linke Hälfte des Papiers eine kleine alltägliche Szene aus der jüngsten Vergangenheit kurz zu skizzieren. Eine Situation sollte dargestellt werden, in der sich die einzelnen Mütter so über ihr Kind geärgert hatten, daß es einen Klaps gesetzt hatte. Vorwegschickend gab ich meiner Überzeugung Ausdruck, daß sicherlich keine der Anwesenden die Prügelstrafe als Erziehungsmittel schätzen würde.

Die entstandenen Skizzen zeigten Szenen mit Untertiteln, die alle nicht älter waren als zwei Tage! Das gestellte Thema war also für alle Teilnehmerinnen brandaktuell – ein Zeichen dafür, daß das innerfamiliäre Konfliktlösungsverhalten nach »traditionellen Mustern« funktionierte: Wer nicht pariert, bekommt die Konsequenzen auch körperlich zu spüren! Themen wie »Geschwisterstreitigkeiten« und »Kinder, die einfach nicht hören« (im Sinne von gehorchen, Gebote nicht beachten) wurden favorisiert.

»Meine Tochter hört nicht!«

Frau C. malte eine Situation, in der ihre vierjährige Tochter Kathy im Vordergrund zu erkennen ist, dem Betrachter des Bildes zugewandt, mit dem Rücken zur Mutter stehend. Selbstbewußt wirkt das Mädchen in seinem roten Oberteil und mit einem Gesichtsausdruck, der zu suggerieren scheint: »Ich weiß, was ich will und was ich nicht will, und das zeige ich auch!« Ihre Mutter, grün gekleidet, kaum größer als die Tochter, steht mit leicht zur Seite geneigtem Körper zurückversetzt im Bild. Kathy befindet sich zwischen Zaun und Haus. Bildlich hat sie die unsichtbare Grenzlinie knapp überschritten (siehe Bild Seite 160, links).

Auch von Frau C. wird eine Grenze überschritten, als Kathy zum wiederholten Male – wie so oft – nicht auf das reagiert, was die Mutter ihr »anschafft«. Sie soll nämlich das Eßzimmer von ihren Spielsachen befreien, bevor der Vater zum Essen nach Hause kommt. Frau C. ist in Zeitnot. Trotzdem ignoriert die Tochter die inzwischen nicht mehr zu überhörende Aufforderung der Mutter und spielt leise vor sich hinsummend wie eine Traumwandlerin mit Blick in die imaginäre Ferne einfach weiter. Da reißt der Mutter der Geduldsfaden – es setzt einen Klaps aufs Hinterteil! Unter ihr Bild schreibt Frau C.: »Hört nicht«.

Dieser skizzierte und beschriebene Konflikt wiederholt sich nach Aussagen der Mutter in geringfügigen Abwandlungen immer wieder. Nach den körperlichen Übergriffen bedrückt die Mutter immer ein schlechtes Gewissen. Sie fühlt sich unfähig, überfordert, wütend und traurig. Erinnerungen an ähnliche Situationen in ihrer eigenen Kindheit tauchen auf. Auch sie und ihr Bruder wurden geschlagen, wenn sie nicht gehorchen wollten.

Frau C.s Verhalten ist kein Einzelfall. Im Gegenteil, es scheint weit verbreitet. Bei aufmerksamem Beobachten sehen und erleben wir häufig, daß das so gern verharmloste, scheinbar belanglose Klapsen allenthalben in ähnlich gelagerten Konfliktfällen trotz erheblicher Gewissenbisse eingesetzt wird. Es dient jedoch meines Erachtens nicht, wie so oft als Rechtfertigung angeführt, als wirksames und unschädliches Erziehungsmittel, sondern vornehmlich der elterlichen Aggressionsabfuhr. Es wirkt nachweislich schädigend und ist deshalb als Erziehungsmethode ungeeignet.

Andere als die gewohnten Verhaltensweisen suchen, finden und anwenden – das setzten sich die Teilnehmerinnen nun zum Ziel. Dabei ging es zuerst einmal darum, eingeschliffene Situationen, die schon eine ausgesprochene Eigendynamik entwickelt hatten, an einer Stelle zu unterbrechen: eine eingefahrene Reaktionsweise als kleines Bausteinpuzzle herauszunehmen aus diesem System – das wie verhext schien, weil es sich immer wieder herstellte –, um die Weichen anders zu stellen. Konkret ging es darum, in dem affektgeladenen Moment ein neues Verhaltensmuster einzusetzen, in dem sonst »die Hand ausrutscht«.

Pragmatische Vorschläge wurden gemacht:

- Dreimal tief Luft holen und bis zehn zählen, um Zeit zu gewinnen und auf diesem Weg den Affekt zu entschärfen;

- mehrmals tief in den Bauch atmen zum Sammeln und zum Beruhigen;

- mit Hilfe einer Klangschale, einer Triangel oder einer kleinen Glocke Zeichen setzen als Gedächtnisstütze für ausgehandelte Regeln, oder auch als Ankündigung, daß es sich bei diesem Ton um ein Alarmzeichen mütterlicher Weißglut handelt und das Maß jetzt voll ist!

157

Diese Schritte können lediglich zur vorläufigen Kanalisierung des Ärgers dienen und sind gut geeignet, angespannten Stimmungen momentan die Spitze zu nehmen. Selbstverständlich ist es notwendig, über diese Schritte und den Sinn solch veränderter Verhaltensweisen zuvor in einer entspannten Atmosphäre ein Gespräch in der Familie anzuregen, damit sich alle Beteiligten darauf einstellen und gegebenenfalls ihre eigenen Ideen dazu beisteuern können. Um jedoch auch längerfristig befriedigende Lösungen für ähnlich konfliktträchtige und immer wiederkehrende Situationen zu finden, ist es notwendig, gemeinsam nach möglichen Hintergründen für das Verhalten der Kinder zu suchen.

Die Mütter machten sich Gedanken, welche Gründe für das »Nicht-Hören« von Kathy in Frage kommen könnten. Zum Beispiel: »Sind die Ohren in Ordnung?«, war die berechtigte Frage nach einer medizinischen Abklärung des Problems.

Als weitere Möglichkeit wurde diskutiert: »Kann es sein, daß das Kind so vertieft in sein Spiel ist, so verstrickt in seine momentanen Phantasien, daß es tatsächlich nichts hört?«

Kleine Kinder haben glücklicherweise noch die Gabe, sich zu vertiefen, sich so auf ihr Tun zu konzentrieren, daß alle unliebsamen, störenden Außenreize ausgeschaltet werden. Dies ist ein unbewußter Vorgang. Er hat nichts mit einem provozierenden Verhalten zu tun und kann als Schutzmechanismus verstanden werden. Diese Fähigkeit zur tiefen Konzentration auf eine Sache geht jedoch relativ schnell verloren, wenn die Kinder von uns Erwachsenen ständig in ihren Tätigkeiten, ihrer Arbeit, ihrem Spiel unterbrochen werden. Auch wenn sie in der ersten Grundschulklasse im zehn Minuten-Rhythmus mit dem nächsten Thema konfrontiert werden, weil ein Teil der Klasse sich nicht länger als diese kurze Zeitspanne »bei der Stange halten« läßt. Ein Grund dafür könnte die Überflutung von kurzlebigen Fernsehbildern sein.

Kleinere Kinder spielen am liebsten in der Nähe der Mutter, bauen ihre

Welt da, wo sie ihre Arbeit verrichtet. Sie gruppieren ihre Spiele am liebsten ins Zentrum des Familienlebens – meist in die Küche oder ins Eßzimmer. Hier entstehen Tierparks, das Indianerlager, die Pupppen- oder Tiergroßfamilie, der Bauernhof, Bauwerke, Verkehrsknotenpunkte…

Ein wenig Mut zur zeitweiligen Un-Ordnung entlastet nicht nur das Kind, sondern auch die Mutter, die sich durch solches Geschehen möglicherweise von gewissen Ordnungs- und Sauberkeitszwängen befreien und das Gefühl akzeptieren kann: Ich bin nur eine durchschnittlich gute Hausfrau, dafür aber vielleicht – und das ist wichtiger – eine verständnisvolle Mutter. Denn Ordnung vergeht mit Sicherheit, Beziehung bleibt möglicherweise, Erziehungsprinzipien aber begleiten oder verfolgen und behindern uns ein ganzes Leben, selbst wenn sie unsinnig erscheinen.

Auch Katy hatte ihre Welt aufgebaut – mitten im Eßzimmer – und möchte sie nun nicht auf Kommando wegpacken, nur weil sie nicht ins Erwachsenenklischee einer aufgeräumten Wohnung paßt, wenn der Vater zum Essen kommt!

Angeregt durch die Diskussion in der Gruppe stellte auch Frau C. verschiedene Überlegungen an über möglicher Hintergründe des Nicht-Hörens ihrer Tochter: Der Zeitpunkt des Aufforderns zum Aufräumen war vielleicht ungünstig gewählt. Sie habe in Zeiten der Anspannung sowieso eine genervte Stimmung, und Kathy schalte dann grundsätzlich auf »Durchzug«! Wohl mit Recht: Der eigentliche Streß habe im Prinzip mit dem Mädchen gar nichts zu tun. Auf ihr gemaltes Bild bezogen, fiel ihr ein, daß sie die Angewohnheit habe, immer hinter ihrer Tochter herzurufen, wenn sie etwas von ihr wolle. Im Bild stehe sie ja auch hinter Kathy. Das sei typisch für ihr Verhalten, wohl aber möglicherweise nicht gerade die optimale Art der Ansprache. Vielleicht wäre es besser, wenn sie ihren Zeitplan etwas verändern und beispielsweise zuerst ihre eigene Arbeit erledigen und dann Kathy direkt ansprechen würde. Vorübergehend könne es vielleicht auch hilfreich sein, mit ihrem Kind gemeinsam das Aufräumen zu beginnen.

Hört nicht

im moment stehen lassen,
nach Beruhigung draußen
reden

Als alle Mütter zum Abschluß des Nachmittags auf der zweiten Hälfte des DIN-A3-Blattes ihren ersten Schritt zur Konfliktlösung bei der nächsten, ähnlich gelagerten Schwierigkeit skizzierten, löste Frau C. ihr Problem auf der Bildebene folgendermaßen:

Sie wählte ein dunkles Gelb und malte sich und ihre Tochter am Tisch sitzend. Frau C. war jetzt in Erwachsenengröße dargestellt und Kathy als Kind auf ihrem Schoß sitzend. Im Gegensatz zum ersten Bild waren nun beide einander zugewandt, in Geborgenheit ausstrahlendem Blick- und Körperkontakt. Eine Skizze entstand, die Zuneigung und Beziehung spürbar werden ließ (siehe Bild oben, rechts).

Frau C. sagte zu ihrer Zeichnung, daß sie das nächste Mal, wenn Kathy nicht hören wolle, eine alternative Verhaltensweise ausprobieren möchte.

Als ersten Schritt nahm sie sich vor, sich zuerst einmal zu beruhigen. Erst danach wolle sie mit Kathy von Angesicht zu Angesicht reden – ihr also keinen Auftrag mehr hinterherrufend erteilen in einer Situation, in der sie selbst unter totaler Spannung stehe. Ihr war an diesem Nachmittag klar geworden, daß Kathys »Taubheit« als Reaktion auf den mütterlichen Streß zu verstehen ist. Scheinbar wolle sich das Kind davor schützen. Bei der nächsten Gelegenheit wolle sie versuchen, sich mit ihrer Tochter anstatt auseinander- lieber zusammenzusetzen, um die Sache in Ruhe miteinander zu klären.

An dieser Stelle wird deutlich, daß derartige Erziehungsprobleme immer auch Beziehungsprobleme sind. Und auf dieser Ebene lassen sie sich auch lösen, wenn wir offen dafür sind. Bei Kathys Mutter war ein Schritt in diese Richtung geschehen – sie hat ihn bereits probehandelnd ins Bild gebracht und damit ein Zeichen gesetzt.

Betrachtungen und Ergebnisse

Bei Frau C. und ihrer Tochter hatten sich, wie auch bei anderen Teilnehmerinnen der Gesprächsrunde, konflikthafte Kommunikations- und Verhaltensmuster eingeschlichen. Diese stammten vorwiegend aus eigener Kindheitserfahrung und waren unreflektiert hinübergenommen ins Erwachsenenalter, zu einem großen Teil tief im Unbewußten verankert als einziges Modell von Erziehung.

Tagtäglich werden in unzähligen Familien unfruchtbare und schädigende Machtkämpfe ausgetragen. Hierbei wird das geschlagene beziehungsweise »geklapste« Kind erniedrigt, gedemütigt und gleichzeitig zur Gewaltanwendung angeregt durch das »Lernen am Erwachsenenmodell«. Auch ältere Geschwister übernehmen dieses elterliche Verhalten und geben es an jüngere Geschwister oder schwächere Spielkameraden weiter. So kommt ein »Teufelskreis« in Gang, den immer die Kleineren und Schwächeren zu spüren bekommen und die ihrerseits lernen, daß Konflikte am einfachsten mit der »Faust« ausgetragen werden. Ein Kreislauf kommt in Gang, bei dem Gewalt gesät und geerntet wird.

In der Müttergesprächsrunde wurden mit dem Bild als Medium Beziehungsbrücken zum Kind gebaut und alternative Formen des Umgangs miteinander reflektiert.

Gedanken zum Schluß

Mit Hilfe der dargestellten und besprochenen Kinderzeichnungen wurde versucht, eine Verbindung zwischen theoretischen Erkenntnissen, hypothetischen Annahmen und subjektiven Erfahrungen herzustellen. Es ging mir um die Vermittlung von erfahrungsorientierten Lernprozessen, bei denen das Bild in mehrfacher Hinsicht als Medium diente:

Der erste Teil des Buches sollte vor allem anregen zum Nachdenken über die kindliche Malentwicklung, informieren über die kindliche Kreativität, Phantasie- und Erlebniswelt, die ihren Niederschlag im Kinderbild findet, und über heilende Kräfte, die im gestalterischen Aktivsein freiwerden. Die spontanen Konfliktbilder ermöglichten Einblicke in bildlich in Szene gesetzte Konflikte, Ängste, Sorgen und Nöte. Durch die gewonnenen Erkenntnisse und Erfahrungen veränderten sich in den Gesprächen mit Müttern über die Zeichnungen ihrer Kinder Bewertungsmaßstäbe, Wertvorstellungen und Verhaltensweisen gegenüber ihren Kindern. Im Anschluß an die Gespräche war der Blickwinkel ein anderer geworden, die Wahrnehmung erweitert und sensibilisiert. Die »verstandenen« Kinderbilder wirkten in die Familien zurück. Im Zuge des Verständnisprozesses wurden eingefahrene Beziehungsmuster gelockert, Vorurteile gemindert, neue Kommunikationsebenen entdeckt und vorhandene Kompetenzen gestärkt.

Trotz dieser positiven Ergebnisse gilt es jedoch zu bedenken: Nicht alle Kinder malen oder zeichnen gerne. Manche haben es früh probiert und bald entmutigt wieder aufgehört. Andere drücken sich aufgrund ihrer

163

individuellen Interessen und Erfahrungen lieber im Rollenspiel, beim Bauen, Erfinden oder Konstruieren aus. Wieder andere brauchen viel »Bewegungs-Spielraum« und haben selten Zeit, zu Stift oder Pinsel zu greifen. Mit ihren Bildern, aber auch mit ihrem Verhalten, mit ihren Spielen zeigen sie uns, was sie bewegt.

So muß auch nicht jede Zeichnung eine tiefere Bedeutung beinhalten, nicht jedes Symbol entschlüsselt, nicht jedes Bild-Geheimnis durchschaut, gedeutet oder preisgegeben werden. Kinder malen aus Spaß an der Bewegung, aus Lust an den sichtbaren »Hinterlassenschaften« ihrer bunten Phantasiewelt – weil es im Moment nichts Interessanteres zu tun gibt oder weil der Freund eben auch gerade malt. Lediglich dann, wenn eine Zeichnung unsere besondere Aufmerksamkeit erregt oder wenn ein Kind über längere Zeit ein besorgniserregendes (Mal-)Verhalten zeigt, ist ein vorsichtiges Herantasten an Bildinhalte und Bildaussagen angebracht.

Ansonsten ist es einfach wichtig, den Kindern soviel gestalterischen Freiraum wie möglich zu gewähren, nicht unnötig mit Fragen in sie zu dringen, ihre Intimsphäre zu wahren, offen zu sein für non-verbale Mitteilungen und souverän umzugehen mit ungelüfteten Geheimnissen.

Eine Möglichkeit für Erwachsene, für im Bild ausgedrückte Mitteilungen sensibel zu werden, bestand im eigenen gestalterischen Tun. Das spontane, nicht an formal-ästhetischen Gesichtspunkten orientierte, bildnerische Arbeiten konnte Müttern und Erzieherinnen einen neuen Zugang zu eigenen inneren Bildern und kreativen Ressourcen ermöglichen und Klarheit schaffen. Der Weg zum eigenen schöpferischen Kind in sich wurde begehbar.

Als fruchtbar hat sich diese Form des Erfahrungslernens in der Beratungs-, Supervisions- und Elternarbeit erwiesen, in der neben kognitiven und emotionalen auch handlungsorientierte Ansätze, also aktive Aspekte des Lernens, integriert sind.

Das Ziel meiner Beratungstätigkeit, in der es eher um Beziehungs- als um Erziehungsfragen geht, ist die Verbesserung der Sozialisationsbedingungen für Kinder. Dieser Wunsch erwuchs für mich durch das Erkennen der zentralen Bedeutung der frühen Kindheit für die psycho-soziale Entwicklung jedes Kindes. Die ersten Lebensjahre eines Kindes und die Art der Beziehung zu seinen engsten Bezugspersonen sind entscheidend für seine weitere Lebensgestaltung. Hier wird schon früh der Grundstein gelegt zu einer gesunden oder gehemmten geistig-seelischen Entwicklung. Im Sinne der Prävention ist es wünschenswert, daß sich die Pädagogik verstärkt tiefen- und entwicklungspsychologischen Erkenntnissen öffnet und kreative Medien in die Praxis integriert, um den wachsenden Problemen von Kindern schon im Kleinkind- und Kindergartenalter behutsam begegnen zu können.

Zwar sind in den vergangenen Jahrzehnten erfolgversprechende kunst- und gestaltungstherapeutische Behandlungsmethoden auf der Grundlage herkömmlicher therapeutischer Verfahren entwickelt, veröffentlicht und ansatzweise für die beraterische, jedoch so gut wie gar nicht für die pädagogische Praxis nutzbar gemacht worden. Die Beispiele aus der beraterischen Arbeit mit Erwachsenen mit dem Bild als Medium zeigten Möglichkeiten dafür auf.

In den letzten Jahren hat in Ergänzung zur leistungsorientierten Schule die Popularität von »Schulen der Phantasie« (Seitz) und von Malateliers zugenommen, wie sie zum Beispiel von Arno Stern und, davon abgeleitet, von Bachmann und Egger aufgebaut wurden. Sie bieten freies, spontanes (Ausdrucks-)Malen als Gegenpol zum »akademischen« Malen an zur Entfaltung von Kreativität für Kinder und Erwachsene. Ich halte diese Strömung für außerordentlich notwendig, um die »Quellen schöpferischer Kraft« wieder zu erschließen, die in jedem von uns schlummern. Sie sind oft durch Konkurrenz-, Konsum- und Leistungsdenken schon im Kindesalter in den Hintergrund gedrängt.

Das Buch möchte deshalb auch als Anregung verstanden werden, in der einen oder anderen Weise selbst auf eine schöpferische Entdeckungsreise zu gehen und andere dabei zu begleiten.

Anhang

Die Malübungen in der Gruppe der Mütter und Erzieherinnen

Anregungen von Tomalin/Schauwecker (1989) und Schottenloher (1989)

1. Abend	2. Abend	3. Abend	4. Abend	5. Abend
Einzelübung: »Spielen mit Lieblingsfarben zur Musik. Der Vorname soll auf dem Bild erscheinen.« – (spontanes Malen / Ölpastellkreiden)	Einzelübung: »Stifte zur Musik tanzen lassen mit geschlossenen Augen. Danach mit offenen Augen das entstandene Kritzelbild nach Lust und Laune verzieren, vervollständigen oder so lassen, wie es ist.« (Ölpastellkreiden)	Partnerübung: »Ein gemeinsames Bild entsteht – ohne sprechen«. (Dialog-Malen / Aquarell-Farben, Ölpastellkreiden, Buntstifte, Deckfarben)	Gruppenübung: »Malend ein Gruppenphantasie-erzählbild entstehen lassen.« (Wachsmalfarben)	Einzelübung/Gruppenbild: »Jeder malt an jedem Tisch mit jeweils unterschiedlichen Farben/Materialien auf verschiedenen Formaten einen Teil eines jeweils ganzen Bildes.« (Ölpastellkreiden, Aquarellfarben, Buntstifte, Kohle, Erdfarben, Wachsmalkreiden, Deckfarben)

167

1. Abend	2. Abend	3. Abend	4. Abend	5. Abend
Sinn: – Einstimmung auf das Thema »Kinderbilder sehen und verstehen« – Zu sich und in Fluß kommen (Entspannungsübung) – Brücke schlagen zum Kind in mir (Kind-Ich) – Zurückfinden zu eigenen, verschütteten, kreativen Anteilen – Eigenes Erleben im spielerischen Tun (malen) als Grundlage der späteren Diskussion – Erleben von Eigenaktivität als Grundlage u. Chance zum erfahrungsorientierten Lernen	Sinn: – Entspannen, loslassen, einfühlen, wie Bilder kleinerer Kinder sich entwickeln können: scheinbar »Sinnloses« erhält seinen Sinn durch die Freude am Tun. – Das Endprodukt ist zweitrangig, die Lust am Spuren hinterlassen, an der Bewegung, Veränderung und Verwandlung steht im Vordergrund. – Unbewußtes spurt sich so seinen Weg von innen nach außen. Es braucht manchmal ein Ventil.	Sinn: – Das Miteinander, das Nebeneinander, das Zusammenspiel wahrnehmen. – Den eigenen Raum ausfüllen, Grenzen spüren, eigenen Bereich sichern, sich öffnen, sich abgrenzen. – Wieviel Raum habe ich (passiv), welchen Platz nehme ich mir (aktiv) erproben/erleben.	Sinn: – Sich der eigenen Phantasiewelt spontan öffnen in der Gruppe, »Ver-rücktes« zulassen, sich auf Unerwartetes einstellen. Bildergeschichte sich vertrauensvoll entwickeln lassen. – Auch Kinderbilder entstehen, wachsen, reifen und verändern sich mit der Geschichte, die sich auf dem Papier »abspielt«.	Sinn: – Kennenlernen verschiedener Malmaterialien. – Um- und Einstellen auf ständig und schnell sich ändernde Gegebenheiten (unterschiedliches Malmaterial und verschiedene Bildinhalte). – »Abschiedsgeschenk« von jeder an jede Teilnehmerin.

Verwendete und weiterführende Literatur

Aissen-Crewett, Meike, *Kinderzeichnungen verstehen. Von der Kritzelphase bis zum Grundschulalter.* München 1988

Bachmann, Helen I., *Malen als Lebensspur. Die Entwicklung kreativer bildlicher Darstellung. Ein Vergleich mit den frühkindlichen Loslösungs- und Individuationsprozessen.* Stuttgart [5]1993

Baumgardt, Ursula, *Kinderzeichnungen – Spiegel der Seele. Kinder zeichnen Konflikte ihrer Familie.* Zürich [2]1988

Bettelheim, Bruno, *Liebe allein genügt nicht. Die Erziehung emotional gestörter Kinder.* Stuttgart [5]1985

Büttner, Christian, Trescher, Hans G., *Chancen der Gruppe. Erfahrungen aus dem pädagogischen Alltag.* Mainz 1987

Canziani, Willy, *Die Elterngruppe. Eine Einführung für Leiter themenzentrierter Elternarbeit.* Zürich 1977

Cohn, Ruth C., *Von der Psychoanalyse zur themenzentrierten Interaktion. Von der Behandlung einzelner zu einer Pädagogik für alle.* Stuttgart [11]1992

DiLeo, Joseph H., *Die Deutung von Kinderzeichnungen.* Karlsruhe 1992

Dornes, Martin, *Der kompetente Säugling. Die präverbale Entwicklung des Menschen.* Frankfurt a.M. 1993

Dunweg, U., Kluge, K.-J., Marhold, G., *Persönliches Wachstum von Eltern – Der Versuch zur Aktivierung und Förderung von Eltern behinderter und nicht-behinderter Kinder.* In: Kluge, Karl J. (Hrsg.): Elternförderung und Familientherapie als angewandte Erziehungstherapie. München 1984, S. 241 - 430

Egger, Bettina, *Bilder verstehen. Wahrnehmung und Entwicklung der bildnerischen Sprache.* Bern/Bonn [3]1991

Follett, M.P., *Creative Experience.* New York 1930

Franzke, Erich, *Der Mensch und sein Gestaltungserleben. Psychotherapeutische Nutzung kreativer Arbeitsweisen.* Bern [2]1983

Friedrich-Barthel, Marita, Schäfer, Magdalena J., *Musik und Bewegung in der Heilpädagogik.* In: Leber, Aloys (Hrsg.): Heilpädagogik. Darmstadt 1980, S. 293 - 311

Furth, Gregg M., *Heilen durch Malen. Die geheimnisvolle Welt der Bilder.* Olten 1991

Grözinger, Wolfgang, *Kinder kritzeln, zeichnen, malen. Die Frühformen kindlichen Gestaltens.* München [6]1984

Heiliger, Anita, *Elternarbeit an Institutionen, Berichte – Probleme – Perspektiven.* DJI-Forschungsbericht. München 1978

Kluge, Karl J. (Hrsg.), *Elternförderung und Familientherapie als angewandte Erziehungstherapie.* München 1984

Kraft, Hartmut (Hrsg.), *Psychoanalyse, Kunst und Kreativität heute: Die Entwicklung der analytischen Kunstpsychologie seit Freud.* Köln 1984

Kramer, Edith, *Kunst als Therapie mit Kindern.* München/Basel [3]1991

Leber, Aloys, Trescher, Hans G., Weiss-Zimmer, Elise, *Krisen im Kindergarten. Psychoanalytische Beratung in pädagogischen Institutionen.* Frankfurt a.M. [3]1990

Mahler, Margret S., Pine, Fred, Bergmann, Anni, *Die psychische Geburt des Menschen. Symbiose und Individuation.* Frankfurt a.M. [2]1988

Milner, Marion, *Ein Weg zur kreativen Befreiung: Zeichnen und Malen ohne Scheu.* Köln 1988

Rahm, Dorothea, *Gestaltberatung: Grundlagen und Praxis integrativer Beratungsarbeit.* Paderborn [5]1988

Reiser, Helmut, *Beziehung und Technik in der psychoanalytisch orientierten, themenzentrierten Gruppenarbeit.* In: Reiser, Helmut, Trescher, Hans G. (Hrsg.): Wer braucht Erziehung? Impulse der Psychoanalytischen Pädagogik, Mainz [3]1992

Riedel, Ingrid, *Farben. In Religion, Gesellschaft, Kunst und Psychotherapie.* Stuttgart [10]1993

Riedel, Ingrid, *Maltherapie. Eine Einführung auf der Basis der Analytischen Psychologie von C.G.Jung.* Stuttgart 1992

Saint-Exupéry, Antoine de, *Der kleine Prinz.* Bad Salzig [9]1951

Schad, Wolfgang, *Menschenkundliche Anmerkungen.* In: Strauss, Michaela: Von der Zeichensprache des kleinen Kindes. Spuren der Menschwerdung. Stuttgart [4]1988

Schmeer, Gisela, *Wie Kinder die Mutter verändern.* In: Eltern, 1980, Heft 5

Schmeer, Gisela, *Das Spontane Bild.* Unveröfftlichtes Manuskript. München, o.J.

Schottenloher, Gertraud, *Kunst- und Gestaltungstherapie. Eine praktische Einführung.* München [3]1992

Schottenloher, Gertraud, *Das therapeutische Potential spontanen bildnerischen Gestaltens unter besonderer Berücksichtigung körpertherapeutischer Methoden. Ein integrativer Therapieansatz.* Konstanz 1989

Seitz, Rudolf, *Kunst in der Kniebeuge. Ästhetische Elementarerziehung. Beispiele – Anregungen – Überlegungen.* München [6]1990

Seitz, Rudolf, *Zeichnen und Malen mit Kindern. Vom Kritzelalter bis zum 8. Lebensjahr.* München [5]1990

Seitz, Rudolf, Haberlander, Trixi (Hrsg.): *Schule der Phantasie. Kinder und Künstler. Werken, Malen, Bauen, Spielen.* Ravensburg 1989

Strauss, Michaela, *Von der Zeichensprache des kleinen Kindes. Spuren der Menschwerdung.* Stuttgart [4]1988

Tomalin, Elisabeth, Schauwecker, Peter, *Interaktionelle Kunst- und Gestaltungstherapie.* Köln 1989

Winnicott, Donald W., *Kreativität und ihre Wurzeln – Das Konzept der Kreativität.* In: Kraft, Hartmut (Hrsg.): Psychoanalyse, Kunst und Kreativität heute. Die Entwicklung der analytischen Kunstpsychologie seit Freud. Köln 1984

Notizen

Notizen

Katharina Zimmer

Versteh mich doch bitte!

Über die alltäglichen Mißverständnisse
zwischen Kindern und Erwachsenen
149 Seiten. Kartoniert

Mißverständnisse zwischen Eltern und Kindern beobachten und erleben wir täglich. Meist sind es harmlose Ausgangssituationen. Ein Signal wird gegeben, eine Forderung gestellt, dann klappt offenbar etwas in der Kommunikation nicht. Aus einer winzigen Anfangsschwierigkeit wird unversehens eine Nervenzerreißprobe.

Katharina Zimmer beschreibt diese alltäglichen Familiendramen sehr einfühlsam und zeigt, wie Mißverständnisse vermieden werden können, wenn Eltern lernen, sich in ihre Kinder einzufühlen, um Signale richtig zu verstehen, und ihre eigenen Botschaften so zu vermitteln, daß sie bei ihren kleinen Gesprächspartnern richtig ankommen.

KÖSEL

Dorothée Kreusch-Jacob

Keine Angst vor falschen Tönen

Wie Kinder die Musik und ihr Instrument entdecken
160 Seiten. Kartoniert

Jedes Kind ist musikalisch und neugierig auf alles, was tönt. Dabei ist die Liebe zur Musik oft heftig und unüberhörbar, selbst wenn für Erwachsene die ersten Spielversuche nicht immer richtig klingen. Viele Eltern wissen, daß diese Spielfreude eine wichtige Rolle in der musikalischen Entwicklung ihres Kindes spielt, trotzdem gibt es Augenblicke des Zweifels, und es tauchen Fragen auf.

Dorothée Kreusch-Jacob beschreibt, wie Eltern den musikalischen Weg ihrer Kinder begleiten können, welche Instrumente sich für welche Kinder eignen, wie man den richtigen Lehrer findet und wie das leidige Thema »Üben« angepackt werden kann.

KÖSEL